Colección de guías de conversación
"¡Todo irá bien!"

T&P Books Publishing

GUÍA DE CONVERSACIÓN

— ARMENIO —

I0163230

LAS PALABRAS Y LAS FRASES MÁS ÚTILES

Esta Guía de Conversación
contiene las frases y las
preguntas más comunes
necesitadas para una
comunicación básica
con extranjeros

Andrey Taranov

T&P BOOKS

Guía de conversación + diccionario de 1500 palabras

Guía de conversación Español-Armenio y diccionario conciso de 1500 palabras

por Andrey Taranov

La colección de guías de conversación para viajar "Todo irá bien" publicada por T&P Books está diseñada para personas que viajan al extranjero para turismo y negocios. Las guías contienen lo más importante - los elementos esenciales para una comunicación básica. Éste es un conjunto de frases imprescindibles para "sobrevivir" mientras está en el extranjero.

Una otra sección del libro también ofrece un pequeño diccionario con más de 1.500 palabras útiles. El diccionario incluye muchos términos gastronómicos y será de gran ayuda para pedir los alimentos en un restaurante o comprando comestibles en la tienda.

T&P Books Publishing
www.tpbooks.com

ISBN: 978-1-78492-647-2

Este libro está disponible en formato electrónico o de E-Book también.
Visite www.tpbooks.com o las librerías electrónicas más destacadas en la Red.

PREFACIO

La colección de guías de conversación para viajar "Todo irá bien" publicada por T&P Books está diseñada para personas que viajan al extranjero para turismo y negocios. Las guías contienen lo más importante - los elementos esenciales para una comunicación básica.Éste es un conjunto de frases imprescindibles para "sobrevivir" mientras está en el extranjero.

Esta guía de conversación le ayudará en la mayoría de los casos donde usted necesite pedir algo, conseguir direcciones, saber cuánto cuesta algo, etc. Puede también resolver situaciones difíciles de la comunicación donde los gestos no pueden ayudar.

Este libro contiene muchas frases que han sido agrupadas según los temas más relevantes. Una sección separada del libro también ofrece un pequeño diccionario con más de 1.500 palabras importantes y útiles.

Llévese la guía de conversación "Todo irá bien" en el camino y tendrá una insustituible compañera de viaje que le ayudará a salir de cualquier situación y le enseñará a no temer hablar con extranjeros.

TABLA DE CONTENIDOS

T&P Books Publishing

PRONUNCIACIÓN

T&P alfabeto fonético	Ejemplo armenio	Ejemplo español
[a]	ճանաչել [čanačél]	radio
[ə]	փափսալ [pʰəspʰəsál]	llave
[e]	հեկտար [hektár]	verano
[ē]	էկրան [ēkrán]	mes
[i]	ֆիզիկոս [fizikós]	ilegal
[o]	շոկոլադ [šokolád]	bordado
[u]	հույնուհի [hujnuhí]	mundo
[b]	բամբակ [bambák]	en barco
[d]	դադար [dadár]	desierto
[f]	ֆաբրիկա [fábrika]	golf
[g]	գանգ [gang]	jugada
[j]	դյույմ [djujm]	asiento
[h]	հայուհի [hajuhí]	registro
[x]	խախտել [xaxtél]	reloj
[k]	կոճակ [kočák]	charco
[l]	փլվել [pʰlvel]	lira
[m]	մտածել [mtatsél]	nombre
[t]	տաksի [taksí]	torre
[n]	նրանք [nrankʰ]	número
[r]	լար [lar]	era, alfombra
[p]	պոմպ [pomp]	precio
[ġ]	տղամարդ [tġamárd]	R francesa (gutural)
[s]	սոուս [soús]	salva
[ts]	ծանոթ [tsanótʰ]	tsunami
[v]	վոստիկան [vostikán]	travieso
[z]	զանգ [zang]	desde
[kʰ]	երեք [erékʰ]	[k] aspirada
[pʰ]	փրկել [pʰrkel]	[p] aspirada
[tʰ]	թատրոն [tʰatrón]	[t] aspirada
[tsʰ]	ակնոց [aknótsʰ]	[ts] aspirado
[ʒ]	ժամանակ [ʒamanák]	adyacente
[dz]	օձիք [odzíkʰ]	inglés kids
[dʒ]	հաջող [hadʒóġ]	jazz
[č]	վիճել [vičél]	mapache

T&P alfabeto fonético	Ejemplo armenio	Ejemplo español
[š]	շահույթ [šahújtʰ]	shopping
[ˈ]	բազակ [baʒák]	acento primario

LISTA DE ABREVIATURAS

Abreviatura en español

adj	-	adjetivo
adv	-	adverbio
anim.	-	animado
conj	-	conjunción
etc.	-	etcétera
f	-	sustantivo femenino
f pl	-	femenino plural
fam.	-	uso familiar
fem.	-	femenino
form.	-	uso formal
inanim.	-	inanimado
innum.	-	innumerable
m	-	sustantivo masculino
m pl	-	masculino plural
m, f	-	masculino, femenino
masc.	-	masculino
mat	-	matemáticas
mil.	-	militar
num.	-	numerable
p.ej.	-	por ejemplo
pl	-	plural
pron	-	pronombre
sg	-	singular
v aux	-	verbo auxiliar
vi	-	verbo intransitivo
vi, vt	-	verbo intransitivo, verbo transitivo
vr	-	verbo reflexivo
vt	-	verbo transitivo

Puntuación en armenio

́	-	signo de admiración
՞	-	signo de interrogación
՝	-	coma

T&P BOOKS

GUÍA DE CONVERSACIÓN ARMENIO

Esta sección contiene frases
importantes que pueden
resultar útiles en varias
situaciones de la vida real.
La Guía le ayudará a pedir
direcciones, aclaración
sobre precio, comprar billetes,
y pedir alimentos en un
restaurante

T&P Books Publishing

CONTENIDO DE LA GUÍA DE CONVERSACIÓN

T&P Books Publishing

Lo más imprescindible

Perdone, ...	Ներեցեք, ... [nerefsʰékʰ, ...]
Hola.	Բարև Ձեզ: [barév dzez]
Gracias.	Շնորհակալություն: [šnorhakaluťʰjún]

Sí.	Այո: [ajó]
No.	Ոչ: [voč]
No lo sé.	Ես չգիտեմ: [es čgitém]
¿Dónde? ǀ ¿A dónde? ǀ ¿Cuándo?	Որտեղ: ǀ Ո՞ւր: ǀ Ե՞րբ: [vórteǵ? ǀ ur? ǀ erb?]

Necesito ...	Ինձ հարկավոր է ... [indz harkavór é ...]
Quiero ...	Ես ուզում եմ ... [es uzúm em ...]
¿Tiene ...?	Դուք ունե՞ք ...: [dukʰ unékʰ ...?]
¿Hay ... por aquí?	Այստեղ կա՞ ...: [ajstéǵ ka ...?]
¿Puedo ...?	Ես կարո՞ղ եմ ...: [es karóǵ em ...?]
..., por favor? (petición educada)	Խնդրում եմ [xndrum em]

Busco ...	Ես փնտրում եմ ... [es pʰntrum em ...]
el servicio	զուգարան [zugarán]
un cajero automático	բանկոմատ [bankomát]
una farmacia	դեղատուն [deǵatún]
el hospital	հիվանդանոց [hivandanótsʰ]

la comisaría	ոստիկանության բաժանմունք [vostikanutʰján baʒanmúnkʰ]
el metro	մետրո [metró]

un taxi	տաքսի [takʰsí]
la estación de tren	կայարան [kajarán]

Me llamo …	Իմ անունը … է: [im anúnə … ē]
¿Cómo se llama?	Ձեր անունն ի՞նչ է: [dzer anúnn inč ē?]
¿Puede ayudarme, por favor?	Օգնեցեք ինձ, խնդրեմ: [ognetsʰékʰ indz, χndrem]
Tengo un problema.	Ես խնդիր ունեմ: [es χndir uném]
Me encuentro mal.	Ես ինձ վատ եմ զգում: [es indz vat em zgum]
¡Llame a una ambulancia!	Շտապ օգնություն՛ն կանչեք: [štap ognutʰjún kančékʰ]
¿Puedo llamar, por favor?	Կարո՞ղ եմ զանգահարել: [karóg em zangaharél?]

Lo siento.	Ներեցեք [neretsʰékʰ]
De nada.	Խնդրեմ [χndrem]

Yo	Ես [es]
tú	դու [du]
él	նա [na]
ella	նա [na]
ellos	նրանք [nrankʰ]
ellas	նրանք [nrankʰ]
nosotros /nosotras/	մենք [menkʰ]
ustedes, vosotros	դուք [dukʰ]
usted	Դուք [nrankʰ]

ENTRADA	ՄՈՒՏՔ [mutkʰ]
SALIDA	ԵԼՔ [elkʰ]
FUERA DE SERVICIO	ՉԻ ԱՇԽԱՏՈՒՄ [či ašχatúm]
CERRADO	ՓԱԿ Է [pʰak ē]

ABIERTO	ԲԱՑ Է [batsʰ ē]
PARA SEÑORAS	ԿԱՆԱՑ ՀԱՄԱՐ [kanántsʰ hamár]
PARA CABALLEROS	ՏՂԱՄԱՐԴԿԱՑ ՀԱՄԱՐ [tġamardkántsʰ hamár]

Preguntas

¿Dónde?	Որտե՞ղ: [vortég?]
¿A dónde?	Ո՞ւր: [ur?]
¿De dónde?	Որտեղի՞ց: [vortegíts^h?]
¿Por qué?	Ինչո՞ւ: [incú?]
¿Con que razón?	Ինչի՞ համար: [incí hamar?]
¿Cuándo?	Ե՞րբ: [erb?]

¿Cuánto tiempo?	Ինչքա՞ն ժամանակ: [inckʰán ʒamanák?]
¿A qué hora?	Ժամը քանիսի՞ն: [ʒámə kʰanisín?]
¿Cuánto?	Ի՞նչ արժե: [inč arʒé?]
¿Tiene ...?	Դուք ունե՞ք ...: [dukʰ unékʰ ...?]
¿Dónde está ...?	Որտե՞ղ է գտնվում ...: [vortég ē gtnvum ...?]

¿Qué hora es?	Ժամը քանի՞սն է: [ʒámə kʰanísn ē?]
¿Puedo llamar, por favor?	Կարո՞ղ եմ զանգահարել: [karóg em zangaharél?]
¿Quién es?	Ո՞վ է: [ov ē?]
¿Se puede fumar aquí?	Կարո՞ղ եմ այստեղ ծխել: [karóg em ajstég tsχel?]
¿Puedo ...?	Ես կարո՞ղ եմ ...: [es karóg em ...?]

Necesidades

Quisiera ...	Ես կուզենայի ... [es kuzenají ...]
No quiero ...	Ես չեմ ուզում ... [es čem uzúm ...]
Tengo sed.	Ես ծարավ եմ: [es tsaráv em]
Tengo sueño.	Ես ուզում եմ քնել: [es uzúm em kʰnel]
Quiero ...	Ես ուզում եմ ... [es uzúm em ...]
lavarme	լվացվել [lvatsʰvél]
cepillarme los dientes	ատամներս մաքրել [atamnérs makʰrél]
descansar un momento	մի քիչ հանգստանալ [mi kʰič hangstanál]
cambiarme de ropa	շորերս փոխել [šorérs pʰoxél]
volver al hotel	վերադառնալ հյուրանոց [veradarnál hjuranótsʰ]
comprar ...	գնել ... [gnel ...]
ir a ...	գնալ ... [gnal ...]
visitar ...	այցելել ... [ajtsʰelél ...]
quedar con ...	հանդիպել ... հետ [handipél ... het]
hacer una llamada	զանգահարել [zangaharél]
Estoy cansado /cansada/.	Ես հոգնել եմ: [es hognél em]
Estamos cansados /cansadas/.	Մենք հոգնել ենք: [menk hognél enkʰ]
Tengo frío.	Ես մրսում եմ: [es mrsum em]
Tengo calor.	Ես շոգում եմ: [es šogúm em]
Estoy bien.	Ես լավ եմ: [es lav em]

Tengo que hacer una llamada.

Ես պետք է զանգահարեմ:
[es petkʰ ē zangaharém]

Necesito ir al servicio.

Ես զուգարան եմ ուզում:
[es zugarán em uzúm]

Me tengo que ir.

Գնալու ժամանակն է:
[gnalús ʒamanákn ē]

Me tengo que ir ahora.

Ես պետք է գնամ:
[es petkʰ ē gnam]

Preguntar por direcciones

Perdone, ...	Ներեցեք, ... [nerefshékh, ...]
¿Dónde está ...?	Որտե՞ղ է գտնվում ... [vortég é gtnvum ...?]
¿Por dónde está ...?	Ո՞ր ուղղությամբ է գտնվում ... [vor ugguthjámb é gtnvum ...?]
¿Puede ayudarme, por favor?	Օգնեցեք ինձ, խնդրեմ: [ognefshékh indz, xndrem]

Busco ...	Ես փնտրում եմ ... [es phntrum em ...]
Busco la salida.	Ես փնտրում եմ ելքը: [es phntrum em élkhə]
Voy a ...	Ես գնում եմ ... [es gnum em ...]
¿Voy bien por aquí para ...?	Ես ճի՞շտ եմ գնում ...: [es čišt em gnum ...?]

¿Está lejos?	Դա հեռո՞ւ է: [da hērú é?]
¿Puedo llegar a pie?	Ես կհասնե՞մ այնտեղ ոտքով: [es khasném ajntég votkhóv?]
¿Puede mostrarme en el mapa?	Ցույց տվեք ինձ քարտեզի վրա, խնդրում եմ: [tshujtsh tvekh indz kartezí vra, xndrum em]
Por favor muestreme dónde estamos.	Ցույց տվեք՝ որտեղ ենք մենք հիմա: [tshujtsh tvekh, vortég enkh menkh himá]

Aquí	Այստեղ [ajstég]
Allí	Այնտեղ [ajntég]
Por aquí	Այստեղ [ajstég]

Gire a la derecha.	Թեքվեք աջ: [thekvékh ač]
Gire a la izquierda.	Թեքվեք ձախ: [thekvékh dzáx]
la primera (segunda, tercera) calle	առաջին (երկրորդ, երրորդ) շրջադարձ [aračín (erkrórd, errórd) šrdzadárts]
a la derecha	դեպի աջ [depí ač]

a la izquierda   դեպի ձախ
[depí dzaχ]

Siga recto.   Գնացեք ուղիղ:
[gnats'ék" uğíg]

Carteles

¡BIENVENIDO!	ԲԱՐԻ ԳԱԼՈՒՍՏ: [barí galúst!]
ENTRADA	ՄՈՒՏՔ [mutkʰ]
SALIDA	ԵԼՔ [elkʰ]

EMPUJAR	ԴԵՊԻ ՆԵՐՍ [depí ners]
TIRAR	ԴԵՊԻ ԴՈՒՐՍ [depí durs]
ABIERTO	ԲԱՑ Է [batsʰ ē]
CERRADO	ՓԱԿ Է [pʰak ē]

PARA SEÑORAS	ԿԱՆԱՆՑ ՀԱՄԱՐ [kanántsʰ hamár]
PARA CABALLEROS	ՏՂԱՄԱՐԴԿԱՆՑ ՀԱՄԱՐ [tġamardkántsʰ hamár]
CABALLEROS	ՏՂԱՄԱՐԴԿԱՆՑ ԶՈՒԳԱՐԱՆ [tġamardkántsʰ zugarán]
SEÑORAS	ԿԱՆԱՆՑ ԶՈՒԳԱՐԱՆ [kanántsʰ zugarán]

REBAJAS	ԶԵՂՋ [zeġč]
VENTA	ԻՊԱՌ ՎԱՃԱՌՔ [ispár vačárkʰ]
GRATIS	ԱՆՎՃԱՐ [anvčár]
¡NUEVO!	ՆՈՐՈՒԹՅՈ [norújtʰ]
ATENCIÓN	ՈՒՇԱԴՐՈՒԹՅՈՒՆ [ušadrutʰjún]

COMPLETO	ԱԶԱՏ ՀԱՄԱՐՆԵՐ ՉԿԱՆ [azát hamarnér čkan]
RESERVADO	ՊԱՏՎԻՐՎԱԾ Է [patvirváts ē]
ADMINISTRACIÓN	ԱԴՄԻՆԻՍՏՐԱՑԻԱ [administratsʰiá]
SÓLO PERSONAL AUTORIZADO	ՄԻԱՅՆ ԱՆՁՆԱԿԱԶՄԻ ՀԱՄԱՐ [miájn andznakazmí hamár]

CUIDADO CON EL PERRO	ԿԱՏԱՂԱԾ ՇՈՒՆ
	[kataġáts šun]
NO FUMAR	ՉԾԽԵ՛Լ
	[čtsχel]
NO TOCAR	ՁԵՌՔԵՐՈՎ ՉԴԻՊՉԵԼ
	[dzerkʰeróv čdipčél]

PELIGROSO	ՎՏԱՆԳԱՎՈՐ Է
	[vtangavór ē]
PELIGRO	ՎՏԱՆԳ
	[vtang]
ALTA TENSIÓN	ԲԱՐՁՐ ԼԱՐՈՒՄ
	[bartsr larúm]
PROHIBIDO BAÑARSE	ԼՈՂԱԼՆ ԱՐԳԵԼՎՈՒՄ Է
	[loġáln argelvúm ē]

FUERA DE SERVICIO	ՉԻ ԱՇԽԱՏՈՒՄ
	[či ašχatúm]
INFLAMABLE	ԴՅՈՒՐԱՎԱՌ Է
	[djuravár ē]
PROHIBIDO	ԱՐԳԵԼՎԱԾ Է
	[argelváts ē]
PROHIBIDO EL PASO	ՄՈՒՏՔՆ ԱՐԳԵԼՎԱԾ Է
	[mutkʰn argelváts ē]
RECIÉN PINTADO	ՆԵՐԿՎԱԾ Է
	[nerkváts ē]

CERRADO POR RENOVACIÓN	ՓԱԿՎԱԾ Է ՎԵՐԱՆՈՐՈԳՄԱՆ
	[pʰakváts ē veranorogmán]
EN OBRAS	ՎԵՐԱՆՈՐՈԳՄԱՆ ԱՇԽԱՏԱՆՔՆԵՐ
	[veranorogmán ašχatankʰnér]
DESVÍO	ՇՐՋԱՆՑՈՒՄ
	[šrdʒantsʰúm]

Transporte. Frases generales

el avión	ինքնաթիռ [inkʰnatʰír]
el tren	գնացք [gnatsʰkʰ]
el bus	ավտոբուս [avtobús]
el ferry	լաստանավ [lastanáv]
el taxi	տաքսի [takʰsí]
el coche	ավտոմեքենա [avtomekʰená]

el horario	չվացուցակ [čvatsʰutsʰák]
¿Dónde puedo ver el horario?	Որտե՞ղ կարելի է նայել չվացուցակը: [vortéġ karelí e najél čvatsʰutsʰákə?]
días laborables	աշխատանքային օրեր [ašχatankʰajín orér]
fines de semana	հանգստյան օրեր [hangstsján orér]
días festivos	տոնական օրեր [tonakán orér]

SALIDA	ՄԵԿՆՈՒՄ [meknúm]
LLEGADA	ԺԱՄԱՆՈՒՄ [ʒamanúm]
RETRASADO	ՈՒՇԱՑՈՒՄ [ušatsʰúm]
CANCELADO	ՉԵՂՅԱԼ [čeġjál]

siguiente (tren, etc.)	հաջորդ [hadʒórd]
primero	առաջին [aračín]
último	վերջին [verčín]

¿Cuándo pasa el siguiente ...?	Ե՞րբ է լինելու հաջորդ ...: [erb e linelú hadʒórd ...?]
¿Cuándo pasa el primer ...?	Ե՞րբ է մեկնում առաջին ...: [erb e meknúm aračín ...?]

¿Cuándo pasa el último ...?

Ե՞րբ է մեկնում վերջին ...:
[erb ē meknúm verčín ...?]

el trasbordo (cambio de trenes, etc.)

նստափոխ
[nstapʰóχ]

hacer un trasbordo

նստափոխ կատարել
[nstapʰóχ katarél]

¿Tengo que hacer un trasbordo?

Ես պետք է նստափո՞խ կատարեմ:
[es petkʰ ē nstapʰóχ katarém?]

Comprar billetes

¿Dónde puedo comprar un billete?	Որտե՞ղ կարող եմ տոմսեր գնել: [vortég karóg em tomsér gnel?]
el billete	տոմս [toms]
comprar un billete	տոմս գնել [toms gnel]
precio del billete	տոմսի արժեքը [tomsí arჳékʰə]

¿Para dónde?	Ո՞ւր: [ur?]
¿A qué estación?	Մինչև ո՞ր կայարան: [minčév vor kajarán?]
Necesito ...	Ինձ հարկավոր է ... [indz harkavór ē ...]
un billete	մեկ տոմս [mék toms]
dos billetes	երկու տոմս [erkú toms]
tres billetes	երեք տոմս [erékʰ toms]

sólo ida	մեկ ուղղությամբ [mék uġġutʰjámb]
ida y vuelta	վերադարձով [veradarⷓsóv]
en primera (primera clase)	առաջին դաս [aračín das]
en segunda (segunda clase)	երկրորդ դաս [erkrórd das]

hoy	այսոր [ajsór]
mañana	վաղը [vágə]
pasado mañana	վաղը չէ մյուս օրը [vágə čē mjus órə]
por la mañana	առավոտյան [aravotján]
por la tarde	ցերեկը [tsʰerékə]
por la noche	երեկոյան [erekoján]

asiento de pasillo

տեղ միջանցքի մոտ
[teġ midžants‴k‴í mot]

asiento de ventanilla

տեղ պատուհանի մոտ
[teġ patuhaní mot]

¿Cuánto cuesta?

Ինչքա՞ն:
[inčk‴án?]

¿Puedo pagar con tarjeta?

Կարո՞ղ եմ վճարել քարտով:
[karóġ em včarél k‴artóv?]

Autobús

el autobús	ավտոբուս [avtobús]
el autobús interurbano	միջքաղաքային ավտոբուս [miʤkaġakʰajín avtobús]
la parada de autobús	ավտոբուսի կանգառ [avtobúsi kangár]
¿Dónde está la parada de autobuses más cercana?	Որտե՞ղ է մոտակա ավտոբուսի կանգառը: [vortég ē motaká avtobusí kangárə?]

número	համար [hamár]
¿Qué autobús tengo que tomar para ...?	Ո՞ր ավտոբուսն է գնում մինչև ...: [vor avtobúsn ē gnum minčév ...?]
¿Este autobús va a ...?	Այս ավտոբուսը գնու՞մ է մինչև ...: [ajs avtobúsə gnum ē minčév ...?]
¿Cada cuanto pasa el autobús?	Որքա՞ն հաճախ են երթևեկում ավտոբուսները: [vorkʰán hačáχ en ertevekum avtobusnérə?]

cada 15 minutos	յուրաքանչյուր տասնհինգ րոպեն մեկ [jurakʰančjur tasnhíng ropén mék]
cada media hora	յուրաքանչյուր կեսժամը մեկ [jurakʰančjur kes ʒámə mek]
cada hora	յուրաքանչյուր ժամը մեկ [jurakʰančjur ʒámə mek]
varias veces al día	օրեկան մի քանի անգամ [orekán mi kʰáni angám]
... veces al día	օրեկան ... անգամ [orekán ... angám]

el horario	չվացուցակ [čvatsʰutsʰák]
¿Dónde puedo ver el horario?	Որտե՞ղ կարելի է նայել չվացուցակը: [vortég kárelí ē najél čvatsʰutsʰákə?]
¿Cuándo pasa el siguiente autobús?	Ե՞րբ է լինելու հաջորդ ավտոբուսը: [erb ē linelú hadʒórd avtobúsə?]
¿Cuándo pasa el primer autobús?	Ե՞րբ է մեկնում առաջին ավտոբուսը: [erb ē meknúm aračín avtobúsə?]
¿Cuándo pasa el último autobús?	Ե՞րբ է մեկնում վերջին ավտոբուսը: [erb ē meknúm verčín avtobúsə?]

la parada

կանգառ
[kangár]

la siguiente parada

հաջորդ կանգառ
[hadžórd kangár]

la última parada

վերջին կանգառ
[verčín kangár]

Pare aquí, por favor.

Կանգնեք այստեղ, խնդրում եմ:
[kangnékʰ ajstéġ, χndrum em]

Perdone, esta es mi parada.

Թույլ տվեք, սա իմ կանգառն է:
[tʰujl tvekʰ, sa im kangárn ē]

Tren

el tren	գնացք [gnatsʰkʰ]
el tren de cercanías	մերձքաղաքային գնացք [merdzkaġakajin gnatsʰkʰ]
el tren de larga distancia	հեռագնաց գնացք [heragnátsʰ gnatsʰkʰ]
la estación de tren	կայարան [kajarán]
Perdone, ¿dónde está la salida al anden?	Ներեցեք, որտե՞ղ է եէքը դեպի գնացքները: [neretsʰékʰ, vortég ē élkə depí gnatsʰkʰnérə?]

¿Este tren va a ...?	Այս գնացքը գնու՞մ է մինչև ...: [ajs gnátsʰkʰə gnum ē minčév ...?]
el siguiente tren	հաջորդ գնացքը [hadʒórd gnátsʰkʰə]
¿Cuándo pasa el siguiente tren?	Ե՞րբ է լինելու հաջորդ գնացքը: [erb ē linelú hadʒórd gnátsʰkʰə?]
¿Dónde puedo ver el horario?	Որտե՞ղ կարելի է նայէլ ցվատսՈւտսՈրակը: [vortég karelí ē najél čvatsʰutsʰákə?]
¿De qué andén?	Ո՞ր հարթակից: [vor hartʰakítsʰ?]
¿Cuándo llega el tren a ...?	Ե՞րբ է գնացքը ժամանում ...: [erb ē gnátsʰkʰə ʒamanúm ...?]

Ayudeme, por favor.	Օգնեցեք ինձ, խնդրեմ: [ognetsʰékʰ indz, xndrem]
Busco mi asiento.	Ես փնտրում եմ իմ տեղը: [es pʰntrum em im tégə]
Buscamos nuestros asientos.	Մենք փնտրում ենք մեր տեղերը: [menkʰ pʰntrúm enkʰ mer teġérə]

Mi asiento está ocupado.	Իմ տեղը զբաղված է: [im tégə zbaġváts ē]
Nuestros asientos están ocupados.	Մեր տեղերը զբաղված են: [mer teġérə zbaġváts en]
Perdone, pero ese es mi asiento.	Ներեցեք, խնդրում եմ, բայց սա իմ տեղն է: [neretsʰékʰ, xndrum ēm, bajtsʰ sa im teġn ē]

¿Está libre?

Այս տեղն ազա՞տ է:
[ajs teġn azát ē?]

¿Puedo sentarme aquí?

Կարո՞ղ եմ այստեղ նստել:
[karóġ em ajstéġ nstel?]

En el tren. Diálogo (Sin billete)

Su billete, por favor.	Ձեր տոմսը, խնդրեմ: [dzer tómsə, xndrem]
No tengo billete.	Ես տոմս չունեմ: [es toms čuném]
He perdido mi billete.	Ես կորցրել եմ իմ տոմսը: [es kortsʰrél em im tómsə]
He olvidado mi billete en casa.	Ես մոռացել եմ իմ տոմսը տանը: [es moratsʰél em im tómsə tánə]
Le puedo vender un billete.	Դուք կարող եք գնել տոմս ինձանից: [dukʰ karóg ekʰ gnel toms indzanítsʰ]
También deberá pagar una multa.	Նաև դուք պետք է վճարեք տուգանք: [naév dukʰ petk ē včarékʰ tugánkʰ]
Vale.	Լավ: [lav]
¿A dónde va usted?	Ո՞ւր եք մեկնում: [ur ekʰ meknúm?]
Voy a …	Ես գնում եմ մինչև … [es gnum em minčév …]
¿Cuánto es? No lo entiendo.	Ինչքա՞ն: Ես չեմ հասկանում: [inčkʰán? es čem haskanúm]
Escríbalo, por favor.	Գրեք, խնդրում եմ: [grekʰ, xndrum em]
Vale. ¿Puedo pagar con tarjeta?	Լավ: Կարո՞ղ եմ վճարել քարտով: [lav karóg em včarél kʰartóv?]
Sí, puede.	Այո, կարող եք: [ajó, karóg ekʰ]
Aquí está su recibo.	Ահա ձեր անդորրագիրը: [ahá dzer andorragírə]
Disculpe por la multa.	Ցավում եմ տուգանքի համար: [tsʰavúm em tugankʰí hamár]
No pasa nada. Fue culpa mía.	Ոչինչ: Դա իմ մեղքն է: [vočínč. da im megkʰn ē]
Disfrute su viaje.	Հաճելի ճանապարհորդություն: [hačelí čanaparhordutʰjún]

Taxi

taxi
տաքսի
[takʰsí]

taxista
տաքսու վարորդ
[takʰsú varórd]

coger un taxi
տաքսի բռնել
[takʰsí brnel]

parada de taxis
տաքսու կանգառ
[takʰsú kangár]

¿Dónde puedo coger un taxi?
Որտե՞ղ կարող եմ տաքսի վերցնել:
[vortég káróg em takʰsí vertsʰnél?]

llamar a un taxi
տաքսի կանչել
[takʰsí kančél]

Necesito un taxi.
Ինձ տաքսի է հարկավոր:
[indz takʰsí ē harkavór]

Ahora mismo.
Հենց հիմա:
[hentsʰ híma]

¿Cuál es su dirección?
Ձեր հասցե՞ն:
[dzer hastsʰén?]

Mi dirección es …
Իմ հասցեն …
[im hastsʰén …]

¿Cuál es el destino?
Ո՞ւր եք գնալու:
[ur ekʰ gnalú?]

Perdone, …
Ներեցեք, …
[neretsʰékʰ, …]

¿Está libre?
Ազա՞տ եք:
[azát ekʰ?]

¿Cuánto cuesta ir a …?
Ի՞նչ արժե հասնել մինչև …:
[inč aržé hasnél minčév …?]

¿Sabe usted dónde está?
Դուք գիտե՞ք որտեղ է դա:
[dukʰ gitékʰ vortég ē da?]

Al aeropuerto, por favor.
Օդանավակայան, խնդրում եմ:
[odanavakaján, χndrum em]

Pare aquí, por favor.
Կանգնեցրեք այստեղ, խնդրում եմ:
[kangnetsʰrékʰ ajstég, gndrum em]

No es aquí.
Դա այստեղ չէ:
[da ajstég čē]

La dirección no es correcta.
Դա սխալ հասցե է:
[da sχal hastsʰé ē]

Gire a la izquierda.
դեպի ձախ
[depi dzaχ]

Gire a la derecha.
դեպի աջ
[depi ač]

¿Cuánto le debo?	Որքա՞ն պետք է վճարեմ:
	[vorkʰán petkʰ ō včarém?]
¿Me da un recibo, por favor?	Տվեք ինձ չեքը, խնդրում եմ:
	[tvekʰ indz čékʰə, χndrum em]
Quédese con el cambio.	Մանրը պետք չէ:
	[mánrə petkʰ čē]
Espéreme, por favor.	Սպասեք ինձ, խնդրում եմ:
	[spasékʰ indz, χndrum em]
cinco minutos	հինգ րոպե
	[hing ropé]
diez minutos	տաս րոպե
	[tas ropé]
quince minutos	տասնհինգ րոպե
	[tasnhíng ropé]
veinte minutos	քսան րոպե
	[kʰsan ropé]
media hora	կես ժամ
	[kes ӡam]

Hotel

Hola.
Բարև Ձեզ:
[barév dzez]

Me llamo …
Իմ անունը … է:
[im anúnə … ē]

Tengo una reserva.
Ես համար եմ ամրագրել:
[es hamár em amragrél]

Necesito …
Ինձ հարկավոր է …
[indz harkavór ē …]

una habitación individual
մեկտեղանոց համար
[mekteǵanótsʰ hamár]

una habitación doble
երկտեղանոց համար
[erkteǵanótsʰ hamár]

¿Cuánto cuesta?
Որքա՞ն այն արժե?
[vorkʰán ajn arʒé?]

Es un poco caro.
Դա մի քիչ թանկ է:
[da mi kʰíč tʰank ē]

¿Tiene alguna más?
Ունե՞ք որևէ այլ տարբերակ:
[unékʰ vórevē ájl tarberák?]

Me quedo.
Ես դա կվերցնեմ:
[es da kvertsʰném]

Pagaré en efectivo.
Ես կանխիկ կվճարեմ:
[es kanχík kvčarém]

Tengo un problema.
Ես խնդիր ունեմ:
[es χndir uném]

Mi … no funciona.
Իմ … փչացել է:
[im … pʰčatsʰél ē]

Mi … está fuera de servicio.
Իմ … չի աշխատում:
[im … či ašχatúm]

televisión
հեռուստացույցը
[herustatsʰújtsʰə]

aire acondicionado
օդորակիչը
[odorakíčə]

grifo
ծորակը
[tsorákə]

ducha
ցնցուղը
[tsʰntsʰúǵə]

lavabo
լվացարանը
[lvatsʰaránə]

caja fuerte
չհրկիզվող պահարանը
[čhrkizvóǵ paháránə]

cerradura	կողպեքը [koǧpókʰo]
enchufe	վարդակը [vardákə]
secador de pelo	ֆենը [fénə]

No tengo …	Ես … չունեմ: [es … čuném]
agua	ջուր [dʒur]
luz	լույս [lujs]
electricidad	հոսանք [hosankʰ]

¿Me puede dar …?	Կարո՞ղ եք ինձ տալ …: [karóǧ ekʰ indz tal …?]
una toalla	սրբիչ [srbič]
una sábana	ծածկոց [tsatskótsʰ]
unas chanclas	հողաթափեր [hoǧatʰapʰér]
un albornoz	խալաթ [xalátʰ]
un champú	շամպուն [šampún]
jabón	օճառ [očár]

Quisiera cambiar de habitación.	Ես կցանկանայի փոխել համարս: [es ktsʰankanáji pʰoxél hamárs]
No puedo encontrar mi llave.	Ես չեմ կարողանում գտնել իմ բանալին: [es čem karoǧanúm gtnel im banalín]
Por favor abra mi habitación.	Խնդրում եմ, բացեք իմ համարը: [xndrum em batsʰékʰ im hamárə]
¿Quién es?	Ո՞վ է: [ov ē?]
¡Entre!	Մտե՛ք: [mtekʰ!]
¡Un momento!	Մեկ րոպե՛: [mek ropé!]
Ahora no, por favor.	Խնդրում եմ, հիմա չէ: [xndrum em, hima čē]

Venga a mi habitación, por favor.	Խնդրում եմ, ինձ մոտ մտեք: [xndrum em, indz mot mtekʰ]
Quisiera hacer un pedido.	Ես ուզում եմ ունելիք համար պատվիրել: [es uzúm em utelíkʰ hamár patvirél]

Mi número de habitación es …   Իմ սենյակի համարը … է:
[im senjakí hamárə … ë]

Me voy …   Ես մեկնում եմ …
[es meknúm em …]

Nos vamos …   Մենք մեկնում ենք …
[menkʰ meknúm enkʰ …]

Ahora mismo   հիմա
[híma]

esta tarde   այսոր ճաշից հետո
[ajsór čašícʰ hetó]

esta noche   այսոր երեկոյան
[ajsór erekoján]

mañana   վաղը
[vágə]

mañana por la mañana   վաղն առավոտյան
[vaǵn aravotján]

mañana por la noche   վաղը երեկոյան
[vágə erekoján]

pasado mañana   վաղը չէ մյուս օրը
[vágə čē mjus órə]

Quisiera pagar la cuenta.   Ես կուզենայի հաշիվը փակել:
[es kuzenáji hašívə pʰakél]

Todo ha estado estupendo.   Ամեն ինչ հոյակապ էր:
[amén inč hojakáp ē]

¿Dónde puedo coger un taxi?   Որտե՞ղ կարող եմ տաքսի վերցնել:
[vortéǵ karóǵ em takʰsí vertsʰnél?]

¿Puede llamarme un taxi, por favor?   Ինձ համար տաքսի կանչեք,
խնդրում եմ:
[indz hamár takʰsí kančékʰ,
χndrum em]

Restaurante

¿Puedo ver el menú, por favor?
Կարո՞ղ եմ նայել ձեր ճաշացանկը:
[karóg em naél dzer čašatsʰánkə?]

Mesa para uno.
Սեղան մեկ հոգու համար:
[segán mek hogú hamár]

Somos dos (tres, cuatro).
Մենք երկուսով (երեքով, չորսով) ենք:
[menkʰ erkusóv (erekʰóv, čorsóv) enkʰ]

Para fumadores
Ծխողների համար
[tsxoġnerí hamár]

Para no fumadores
Չծխողների համար
[čtsxoġnerí hamár]

¡Por favor! (llamar al camarero)
Մոտեցե՛ք խնդրեմ:
[motetsʰékʰ xndrém!]

la carta
Ճաշացանկ
[čašatsʰánk]

la carta de vinos
Գինեքարտ
[ginekʰárt]

La carta, por favor.
Ճաշացանկը, խնդրեմ:
[čašatsʰánkə, xndrem]

¿Está listo para pedir?
Պատրա՞ստ եք պատվիրել:
[patrást ekʰ patvirél?]

¿Qué quieren pedir?
Ի՞նչ եք պատվիրելու:
[inč ekʰ patvirelú?]

Yo quiero ...
Ես կվերցնեմ ...
[es kvertsʰném ...]

Soy vegetariano.
Ես բուսակեր եմ:
[es busakér em]

carne
միս
[mis]

pescado
ձուկ
[dzuk]

verduras
բանջարեղեն
[bandžareġén]

¿Tiene platos para vegetarianos?
Դուք ունե՞ք բուսակերական ճաշատեսակներ:
[dukʰ unékʰ busakerakán čašatesaknér?]

No como cerdo.
Ես խոզի միս չեմ ուտում:
[es xozí mis čem utúm]

Él /Ella/ no come carne.
Նա միս չի ուտում:
[na mis čí utúm]

Soy alérgico a ...

Ես ...ից ալերգիա ունեմ:
[es ...its^h alergija uném]

¿Me puede traer ..., por favor?

Խնդրում եմ, ինձ ... բերեք:
[xndrum em, indz ... berék^h]

sal | pimienta | azúcar

աղ | պղպեղ | շաքար
[ağ | pğpeğ | šak^hár]

café | té | postre

սուրճ | թեյ | աղանդեր
[surč | t^hej | ağandér]

agua | con gas | sin gas

ջուր | գազավորված | չգազավորված
[dzur | gazavorváts | čgazavorváts]

una cuchara | un tenedor | un cuchillo

գդալ | պատառաքաղ | դանակ
[gdal | patarak^háğ | danák]

un plato | una servilleta

ափսե | անձեռոցիկ
[ap^hsé | andzerots^hík]

¡Buen provecho!

Բարի ախորժակ!
[barí axoržák!]

Uno más, por favor.

Էլի բերեք, խնդրում եմ:
[éli berék^h, xndrum ēm]

Estaba delicioso.

Շատ համեղ էր:
[šat haméğ ēr]

la cuenta | el cambio | la propina

հաշիվ | մանրադրամ | թեյավճար
[hašív | manradrám | t^hejavčár]

La cuenta, por favor.

Հաշիվը, խնդրում եմ:
[hašívə, xndrum em]

¿Puedo pagar con tarjeta?

Կարող եմ վճարել քարտով?
[karóğ em včarél k^hartóv?]

Perdone, aquí hay un error.

Ներեցեք, այստեղ սխալ կա:
[nerets^hék^h, ajstéğ sxal ka]

De Compras

¿Puedo ayudarle?	Կարո՞ղ եմ օգնել ձեզ: [karóg em ognél dzez?]
¿Tiene ...?	Դուք ունե՞ք ...: [dukʰ unékʰ ...?]
Busco ...	Ես փնտրում եմ ... [es pʰntrum em ...]
Necesito ...	Ինձ պետք է ... [indz petkʰ ē ...]

Sólo estoy mirando.	Ես ուղղակի նայում եմ: [es uģģakí najúm em]
Sólo estamos mirando.	Մենք ուղղակի նայում ենք: [menkʰ uģģakí najúm enkʰ]
Volveré más tarde.	Ես ավելի ուշ կայցելեմ: [es avelí uš kajtsʰelém]
Volveremos más tarde.	Մենք ավելի ուշ կայցելենք: [menkʰ avelí uš kajtsʰelénk]
descuentos | oferta	զեղչեր | իսպառ վաճառք [zegčér | ispár vačárkʰ]

Por favor, enséñeme ...	Ցույց տվեք ինձ, խնդրում եմ ... [tsʰujtsʰ tvekʰ indz, χndrum em ...]
¿Me puede dar ..., por favor?	Տվեք ինձ, խնդրում եմ ... [tvekʰ indz, χndrum em...]
¿Puedo probarmelo?	Կարո՞ղ եմ ես սա փորձել: [karóg em es sa pʰordzél?]
Perdone, ¿dónde están los probadores?	Ներեցեք, որտե՞ղ է հանդերձարանը: [neretsʰékʰ, vortég ē handerdzaráne?]
¿Qué color le gustaría?	Ի՞նչ գույն եք ուզում: [inč gujn ekʰ uzum?]
la talla | el largo	չափս | հասակ [čapʰs | hasák]
¿Cómo le queda? (¿Está bien?)	Եղա՞վ: [egáv?]

¿Cuánto cuesta esto?	Սա ինչքա՞ն արժե: [sa inčkʰán arʒé?]
Es muy caro.	Դա չափազանց թանկ է: [da čapʰazántsʰ tʰank ē]
Me lo llevo.	Ես կվերցնեմ սա: [es kvertsʰném sa]
Perdone, ¿dónde está la caja?	Ներեցեք, որտե՞ղ է դրամարկղը: [neretsʰékʰ, vortég ē dramárkģe?]

¿Pagará en efectivo o con tarjeta?	Ինչպե՞ս եք վճարելու։ Կանխիկ կ թե քարտով։ [inčpés ekʰ včarelú? kanχík tʰe kʰartóv?]
en efectivo | con tarjeta	կանխիկ | քարտով [kanχík | kʰartóv]
¿Quiere el recibo?	Ձեզ չեկն անհրաժե՞շտ է։ [dzez čekʰn anhraʒéšt ē?]
Sí, por favor.	Այո, խնդրում եմ։ [ajó, χndrum em]
No, gracias.	Ոչ, պետք չէ։ Շնորհակալություն։ [voč, petkʰ čē. šnorhakalutʰjún]
Gracias. ¡Que tenga un buen día!	Շնորհակալություն։ Ցտեսություն։ [šnorhakalutʰjún tsʰtesutʰjún!]

En la ciudad

Perdone, por favor.	Ներեցեք խնդրեմ ... [nerets^hék^h, xndrem ...]
Busco ...	Ես փնտրում եմ ... [es p^hntrum em ...]
el metro	մետրո [metró]
mi hotel	իմ հյուրանոցը [im hjuranóts^hə]

el cine	կինոթատրոն [kinot^hatrón]
una parada de taxis	տաքսիների կայան [tak^hsinerí kaján]
un cajero automático	բանկոմատ [bankomát]
una oficina de cambio	արժույթի փոխանակման կետ [arʒujt^hí p^hoxanakmán ket]

un cibercafé	ինտերնետ-սրճարան [internét-srčarán]
la calle ...	... փողոցը [... p^hoǵóts^hə]
este lugar	այս տեղը [ajs tégə]

¿Sabe usted dónde está ...?	Դուք գիտե՞ք որտեղ է գտնվում ...: [duk^h giték^h vortég ē gtnvum ...?]
¿Cómo se llama esta calle?	Ինչպե՞ս է կոչվում այս փողոցը: [inčpés ē kočvúm ajs p^hoǵóts^hə?]
Muestreme dónde estamos ahora.	Ցույց տվեք՝ որտեղ ենք մենք հիմա: [ts^hujts^h tvek^h, vortég enk^h menk^h himá]
¿Puedo llegar a pie?	Ես կհասնե՞մ այնտեղ ոտքով: [es khasném ajntég votk^hóv?]
¿Tiene un mapa de la ciudad?	Դուք ունե՞ք քաղաքի քարտեզը: [duk^h unék^h k^haǵakí k^hartézə?]

¿Cuánto cuesta la entrada?	Որքա՞ն արժե մուտքի տոմսը: [vorkán arʒé mutk^hí tómsə?]
¿Se pueden hacer fotos aquí?	Այստեղ կարելի՞ է լուսանկարել: [ajstég karelí ē lusankarél?]
¿Está abierto?	Դուք բա՞ց եք: [duk^h bats^h ek^h?]

¿A qué hora abren?

Ժամը քանիսի՞ն եք դուք բացվում։
[ӡámə kʰanisín ek duk batsʰvúm?]

¿A qué hora cierran?

Մինչև ո՞ր ժամն եք աշխատում։
[minčév vor ӡámn ekʰ ašχatúm?]

Dinero

dinero	փող [pʰog]
efectivo	կանխիկ դրամ [kanχík dram]
billetes	թղթադրամ [tʰgtʰadrám]
monedas	մանրադրամ [manradrám]
la cuenta | el cambio | la propina	հաշիվ | մանր | թեյավճար [hašív | manr | tʰejavčár]

la tarjeta de crédito	կրեդիտ քարտ [kredít kʰart]
la cartera	դրամապանակ [dramapanák]
comprar	գնել [gnel]
pagar	վճարել [včarél]
la multa	տուգանք [tugánkʰ]
gratis	անվճար [anvčár]

¿Dónde puedo comprar ...?	Որտե՞ղ կարող եմ գնել ...: [vórteg karóg em gnel ...?]
¿Está el banco abierto ahora?	Բանկը հիմա բա՞ց է: [bánkə hímá batsʰ ē?]
¿A qué hora abre?	Ժամը քանիսի՞ն է այն բացվում: [ʒámə kʰanisín ē ajn batsʰvúm?]
¿A qué hora cierra?	Մինչև ո՞ր ժամն է այն աշխատում: [minčév vor ʒamn ē ajn ašχatúm?]

¿Cuánto cuesta?	Ինչքա՞ն: [inčkʰán?]
¿Cuánto cuesta esto?	Սա ինչքա՞ն արժե: [sa inčkʰán arʒé?]
Es muy caro.	Դա չափազանց թանկ է: [da čapʰazántsʰ tʰank ē]

Perdone, ¿dónde está la caja?	Ներեցեք, որտե՞ղ է դրամարկղը: [neretsʰékʰ, vortég ē dramárkgə?]
La cuenta, por favor.	Հաշիվը, խնդրում եմ: [hašíve, χndrum em]

¿Puedo pagar con tarjeta?

Կարո՞ղ եմ վճարել քարտով:
[karóġ em včaré l kʰartóv?]

¿Hay un cajero por aquí?

Այստեղ բանկոմատ կա՞:
[ajstéġ bankomát ka?]

Busco un cajero automático.

Ինձ բանկոմատ է հարկավոր:
[indz bankomát ē harkavór]

Busco una oficina de cambio.

Ես փնտրում եմ փոխանակման կետ:
[es pʰntrum em pʰoχanakmán ket]

Quisiera cambiar …

Ես ուզում եմ փոխանակել …
[es uzúm em pʰoχanakél …]

¿Cuál es el tipo de cambio?

Ասացեք, խնդրեմ, փոխարժեքը:
[asatsʰékʰ, χndrém, pʰoχarʒékʰə?]

¿Necesita mi pasaporte?

Ձեզ պե՞տք է իմ անձնագիրը:
[dzez petkʰ ē im andznagirə?]

Tiempo

¿Qué hora es?	Ժամը քանի՞ սն է: [ʒámə kʰanísn ē?]
¿Cuándo?	Ե՞րբ: [erb?]
¿A qué hora?	Ժամը քանիսի՞ն: [ʒámə kʰanisín?]
ahora | luego | después de …	հիմա | ավելի ուշ | …ից հետո [híma | avelí uš | …itsʰ hetó]

la una	ցերեկվա ժամը մեկը [tsʰerekvá ʒámə mékə]
la una y cuarto	մեկն անց տասնհինգ րոպե [mékn antsʰ tasnhíng ropé]
la una y medio	մեկն անց կես [mékn antsʰ kes]
las dos menos cuarto	երկուսին տասնհինգ պակաս [erkusín tasnhíng pakás]

una | dos | tres	մեկ | երկու | երեք [mek | erkú | erékʰ]
cuatro | cinco | seis	չորս | հինգ | վեց [čors | hing | vetsʰ]
siete | ocho | nueve	յոթ | ութ | ինը [jotʰ | utʰ | inə]
diez | once | doce	տաս | տասնմեկ | տասներկու [tas | tasnəmék | tasnerkú]

en …	…ից [...itsʰ]
cinco minutos	հինգ րոպե [hing ropé]
diez minutos	տաս րոպե [tas ropé]
quince minutos	տասնհինգ րոպե [tasnhíng ropé]
veinte minutos	քսան րոպե [kʰsan ropé]

media hora	կես ժամ [kes ʒam]
una hora	մեկ ժամ [mek ʒam]
por la mañana	առավոտյան [aravotján]

por la mañana temprano	վաղ առավոտյան [vaġ aravotján]
esta mañana	այսոր առավոտյան [ajsór aravotján]
mañana por la mañana	վաղն առավոտյան [vaġn aravotján]

al mediodía	ճաշին [čašín]
por la tarde	ճաշից հետո [čašítsʰ hetó]
por la noche	երեկոյան [erekoján]
esta noche	այսոր երեկոյան [ajsór erekoján]

por la noche	գիշերը [gišérə]
ayer	երեկ [erék]
hoy	այսոր [ajsór]
mañana	վաղը [vágə]
pasado mañana	վաղը չէ մյուս օրը [vágə čē mjus órə]

¿Qué día es hoy?	Շաբաթվա ի՞նչ օր է այսոր: [šabatʰvá inč or ē ajsór?]
Es …	Այսոր … է: [ajsór … ē]
lunes	երկուշաբթի [erkušabtʰí]
martes	երեքշաբթի [erekʰšabtʰí]
miércoles	չորեքշաբթի [čorekʰšabtʰí]

jueves	հինգշաբթի [hingšabtʰí]
viernes	ուրբաթ [urbátʰ]
sábado	շաբաթ [šabátʰ]
domingo	կիրակի [kirakí]

Saludos. Presentaciones.

Hola.
Բարև Ձեզ:
[barév dzez]

Encantado /Encantada/ de conocerle.
Ուրախ եմ Ձեզ հետ ծանոթանալու:
[uráx em dzez het tsanotʰanalú]

Yo también.
Նմանապես:
[nmanapés]

Le presento a ...
Ծանոթացեք Սա ... է:
[tsanotʰatsʰékʰ. sa ... ē]

Encantado.
Շատ հաճելի է:
[šat hačelí ē]

¿Cómo está?
Ինչպե՞ս եք: Ինչպե՞ս են Ձեր գործերը:
[inčpés ekʰ? inčpés en dzer gortsérə?]

Me llamo ...
Իմ անունը ... է:
[im anúnə ... ē]

Se llama ...
Նրա անունը ... է:
[nra anúnə ... ē]

Se llama ...
Նրա անունը ... է:
[nra anúnə ... ē]

¿Cómo se llama (usted)?
Ձեր անունն ի՞նչ է:
[dzer anúnn inč ē?]

¿Cómo se llama (él)?
Ի՞նչ է նրա անունը:
[inč ē nra anúnə?]

¿Cómo se llama (ella)?
Ի՞նչ է նրա անունը:
[ínč ē nra anúnə?]

¿Cuál es su apellido?
Ի՞նչ է Ձեր ազգանունը:
[inč ē dzer azganúnə?]

Puede llamarme ...
Ասացեք ինձ ...
[asatsʰékʰ indz ...]

¿De dónde es usted?
Որտեղի՞ց եք դուք:
[vortegʰítsʰ ekʰ dukʰ?]

Yo soy de ....
Ես ...ից եմ:
[es ...itsʰ em]

¿A qué se dedica?
Որտե՞ղ եք աշխատում:
[vortég ekʰ ašxatúm?]

¿Quién es?
Ո՞վ է սա:
[ov ē sa?]

¿Quién es él?
Ո՞վ է նա:
[ov ē na?]

¿Quién es ella?
Ո՞վ է նա:
[ov ē na?]

¿Quiénes son?
Ո՞վ են նրանք:
[ov en nrankʰ?]

Este es …	Սա …ն է:
	[sa …n ē]
mi amigo	իմ ընկեր
	[im ənkér]
mi amiga	իմ ընկերուհի
	[im ənkeruhí]
mi marido	իմ ամուսին
	[im amusín]
mi mujer	իմ կին
	[im kín]

mi padre	իմ հայր
	[im hajr]
mi madre	իմ մայր
	[im majr]
mi hermano	իմ եղբայր
	[im egbájr]
mi hermana	իմ քույր
	[im kʰujr]
mi hijo	իմ որդի
	[im vordí]
mi hija	իմ դուստր
	[im dustr]

Este es nuestro hijo.	Սա մեր որդին է:
	[sa mer vordín ē]
Esta es nuestra hija.	Սա մեր դուստրն է:
	[sa mer dustrn ē]
Estos son mis hijos.	Սրանք իմ երեխաներն են:
	[srankʰ im ereχanérn en]
Estos son nuestros hijos.	Սրանք մեր երեխաներն են:
	[srankʰ mer ereχanérn en]

Despedidas

¡Adiós!	Ցտեսություն։ [tsʰtesutʰjún!]
¡Chau!	Հաջո՛ղ։ [hadӡóg!]
Hasta mañana.	Մինչ վաղը։ [minč vágə]
Hasta pronto.	Մինչ հանդիպում։ [minč handipúm]
Te veo a las siete.	Կհանդիպենք ժամը յոթին։ [khandipénkʰ ӡámə jotʰín]

¡Que se diviertan!	Զվարճացե՛ք։ [zvarčatsʰékʰ!]
Hablamos más tarde.	Հետո կխոսենք։ [hetó kχosénkʰ]
Que tengas un buen fin de semana.	Հաջող հանգստյան օրեր եմ ցանկանում։ [hadӡóg hangstján orér em tsʰankanúm]
Buenas noches.	Բարի գիշեր։ [barí gišér]

Es hora de irme.	Գնալու ժամանակն է։ [gnalús ӡamanákn é]
Tengo que irme.	Ես պետք է գնամ։ [es petkʰ é gnam]
Ahora vuelvo.	Ես հիմա կվերադարնամ։ [es himá kveradarnám]

Es tarde.	Արդեն ուշ է։ [ardén uš é]
Tengo que levantarme temprano.	Ես պետք է վաղ արթնանամ։ [es petkʰ é vaġ artʰnanám]
Me voy mañana.	Ես վաղը մեկնում եմ։ [es vágə meknúm em]
Nos vamos mañana.	Մենք վաղը մեկնում ենք։ [menkʰ vágə meknúm enkʰ]

¡Que tenga un buen viaje!	Բարի ճանապարհ։ [barí čanapárh!]
Ha sido un placer.	Հաճելի էր ձեզ հետ ծանոթանալ։ [hačelí ér dzez hét tsanotʰanál]
Fue un placer hablar con usted.	Հաճելի էր ձեզ հետ շփվել։ [hačelí ér dzez hét špʰvel]
Gracias por todo.	Շնորհակալություն ամեն ինչի համար։ [šnorhakalutʰjún amén inčí hamár]

Lo he pasado muy bien.

Ես հրյակապ անցկացրեցի ժամանակը:
[es hojakáp antsʰkatsʰretsʰí ӡamanákə]

Lo pasamos muy bien.

Մենք հրյակապ անցկացրեցինք ժամանակը:
[menkʰ hojakáp antsʰkatsʰretsʰínkʰ ӡamanákə]

Fue genial.

Ամեն ինչ հրյակապ էր:
[amén inč hojakáp ér]

Le voy a echar de menos.

Ես կկարոտեմ:
[es kəkarotém]

Le vamos a echar de menos.

Մենք կկարոտենք:
[menkʰ kəkaroténkʰ]

¡Suerte!

Հաջողությո՛ւն: Մնաք բարո՛վ:
[haӡoġutʰjún! mnakʰ baróv!]

Saludos a ...

Բարևեք ...ին:
[barevékʰ ...in]

Idioma extranjero

No entiendo.	Ես չեմ հասկանում: [es čem haskanúm]
Escríbalo, por favor.	Խնդրում եմ, գրեք դա: [xndrum em, grekʰ da]
¿Habla usted ...?	Դուք գիտե՞ք ...: [dukʰ gitékʰ ...?]

Hablo un poco de ...	Ես գիտեմ մի քիչ ... [es gitém mi kʰič ...]
inglés	անգլերեն [anglerén]
turco	թուրքերեն [tʰurkʰerén]
árabe	արաբերեն [araberén]
francés	ֆրանսերեն [franserén]

alemán	գերմաներեն [germanerén]
italiano	իտալերեն [italerén]
español	իսպաներեն [ispanerén]
portugués	պորտուգալերեն [portugalerén]
chino	չիներեն [činerén]
japonés	ճապոներեն [čaponerén]

¿Puede repetirlo, por favor?	Կրկնեք, խնդրեմ: [krknekʰ, xndrem]
Lo entiendo.	Ես հասկանում եմ: [es haskanúm em]
No entiendo.	Ես չեմ հասկանում: [es čem haskanúm]
Hable más despacio, por favor.	Խոսեք դանդաղ, խնդրում եմ: [xosékʰ dandáǧ, xndrum em]

¿Está bien?	Սա ճի՞շտ է: [sa čišt ē?]
¿Qué es esto? (¿Que significa esto?)	Ի՞նչ է սա: [inč ē sa?]

Disculpas

Perdone, por favor.
Ներեցեք, խնդրեմ:
[nerets'ek', χndrem]

Lo siento.
Ցավում եմ:
[ts'avúm em]

Lo siento mucho.
Շատ ափսոս:
[šat ap'sós]

Perdón, fue culpa mía.
Իմ մեղավորությունն է:
[im meġavorut'júnn ē]

Culpa mía.
Իմ սխալն է:
[im sχaln ē]

¿Puedo ...?
Ես կարո՞ղ եմ ...:
[es karóġ em ...?]

¿Le molesta si ...?
Դեմ չե՞ք լինի, եթե ես ...:
[dem ček' lini, et'é es ...?]

¡No hay problema! (No pasa nada.)
Սարսափելի ոչինչ չկա:
[sarsap'elí vočínč čka]

Todo está bien.
Ամեն ինչ կարգին է:
[amén inč kargín ē]

No se preocupe.
Մի անհանգստացեք:
[mi anhangstats'ek']

Acuerdos

Sí.	Այո:
	[ajó]
Sí, claro.	Այո, իհարկե:
	[ajó, ihárke]
Bien.	Լավ
	[lav!]
Muy bien.	Շատ լավ:
	[šat lav]
¡Claro que sí!	Իհա'րկե:
	[ihárke!]
Estoy de acuerdo.	Ես համաձայն եմ:
	[es hamadzájn em]

Es verdad.	Ճիշտ է:
	[čišt ē]
Es correcto.	Ճիշտ է:
	[čišt ē]
Tiene razón.	Դուք իրավացի եք:
	[dukʰ iravaɫsʰí ekʰ]
No me molesta.	Ես չեմ առարկում:
	[es čem ararkúm]
Es completamente cierto.	Բացարձակ ճիշտ է:
	[baɫsʰardzák čišt ē]

Es posible.	Հնարավոր է:
	[hnaravór ē]
Es una buena idea.	Լավ միտք է:
	[lav mitkʰ ē]
No puedo decir que no.	Չեմ կարող մերժել:
	[čem karóg meržél]
Estaré encantado /encantada/.	Ուրախ կլինեմ:
	[uráx kliném]
Será un placer.	Հաճույքով:
	[hačujkʰóv]

Rechazo. Expresar duda

No.   Ոչ:
[voč]

Claro que no.   Իհարկե, ոչ:
[ihárke, voč]

No estoy de acuerdo.   Ես համաձայն չեմ:
[es hamadzájn em]

No lo creo.   Ես այդպես չեմ կարծում:
[es ajdpes čem kartsúm]

No es verdad.   Սուտ է:
[sut ē]

No tiene razón.   Դուք իրավացի չեք:
[duk^h iravats^{h}í ček^h]

Creo que no tiene razón.   Կարծում եմ՝ իրավացի չեք:
[kartsúm em, iravats^{h}í ček^h]

No estoy seguro /segura/.   Համոզված չեմ:
[hamozváts čem]

No es posible.   Անհնար է:
[anhnár ē]

¡Nada de eso!   Ո՛չ մի նման բան:
[voč mi nman ban!]

Justo lo contrario.   Հակառակը:
[hakáráke!]

Estoy en contra de ello.   Ես դեմ եմ:
[es dem em]

No me importa. (Me da igual.)   Ինձ միևնույն է:
[indz mievnújn ē]

No tengo ni idea.   Գաղափար չունեմ:
[gaġap^{h}ár čuném]

Dudo que sea así.   Կասկածում եմ, որ այդպես է:
[kaskatsúm ēm, vor ajdpés ē]

Lo siento, no puedo.   Ներեցեք, չեմ կարող:
[nerets^{h}ēk^h, čem karóġ]

Lo siento, no quiero.   Ներեցեք, չեմ ուզում:
[nerets^{h}ēk^h, čem uzúm]

Gracias, pero no lo necesito.   Շնորհակալություն, ինձ պետք չէ:
[šnorhakalut^{h}jún, indz petk^h čē]

Ya es tarde.   Արդեն ուշ է:
[ardén uš ē]

Tengo que levantarme temprano.

Ես պետք է վաղ արթնանամ:
[es petkʰ ē vaġ artʰnanám]

Me encuentro mal.

Ես ինձ վատ եմ զգում:
[es indz vat em zgum]

Expresar gratitud

Gracias.	Շնորհակալություն: [šnorhakaluthjún]
Muchas gracias.	Շատ շնորհակալ եմ: [šat šnorhakál em]
De verdad lo aprecio.	Շատ շնորհակալ եմ: [šat šnorhakál em]
Se lo agradezco.	Շնորհակալ եմ: [šnorhakál em]
Se lo agradecemos.	Շնորհակալ ենք: [šnorhakál enkh]

Gracias por su tiempo.	Շնորհակալություն, որ ծախսեցիք ձեր ժամանակը: [šnorhakaluthjún, vor tsaχsetshíkh dzer ʒamánákə]
Gracias por todo.	Շնորհակալություն ամեն ինչի համար: [šnorhakaluthjún amén inčí hamár]
Gracias por …	Շնորհակալություն … համար: [šnorhakaluthjún … hamár]
su ayuda	ձեր օգնության [dzer ognuthján]
tan agradable momento	լավ ժամանցի [lav ʒamantshí]

una comida estupenda	հոյակապ ուտեստների [hojakáp utestnerí]
una velada tan agradable	հաճելի երեկոյի [hačelí erekojí]
un día maravilloso	հիանալի օրվա [hianalí orvá]
un viaje increíble	հետաքրքիր էքսկուրսիայի [hetakhrkír ékhskursiají]

No hay de qué.	Չարժե: [čarʒé]
De nada.	Չարժե: [čarʒé]
Siempre a su disposición.	Միշտ խնդրեմ: [mišt χndrém]
Encantado /Encantada/ de ayudarle.	Ուրախ էի օգնելու: [uráχ ei ognelú]

No hay de qué.

Մոռացեք:
[morats^{h}ék^h]

No tiene importancia.

Մի անհանգստացեք:
[mi anhangstats^{h}ék^h]

Felicitaciones , Mejores Deseos

¡Felicidades!	Շնորհավորում եմ։ [šnorhavorúm em!]
¡Feliz Cumpleaños!	Շնորհավոր ծննդյան օրը։ [šnorhavór tsnəndzján órə!]
¡Feliz Navidad!	Շնորհավոր Սուրբ ծնունդ։ [šnorhavór surb tsnund!]
¡Feliz Año Nuevo!	Շնորհավոր Ամանոր։ [šnorhavór amanór!]

¡Felices Pascuas!	Շնորհավոր Զատիկ։ [šnorhavór zatík!]
¡Feliz Hanukkah!	Ուրախ Հանուկա։ [uráχ hánuka!]

Quiero brindar.	Ես կենաց ունեմ։ [es kenátsʰ uném]
¡Salud!	Ձեր առողջության կենաց'ը։ [dzer arogdʒutʰján kenátsʰə!]
¡Brindemos por ...!	Խմենք ... համար։ [χmenkʰ ... hamár!]
¡A nuestro éxito!	Մեր հաջողության կենաց'ը։ [mer hadʒogutʰján kenátsʰə!]
¡A su éxito!	Ձեր հաջողության կենաց'ը։ [dzer hadʒogutʰján kenátsʰə!]

¡Suerte!	Հաջողություն։ [hadʒogutʰjún!]
¡Que tenga un buen día!	Հաճելի օր եմ ցանկանում։ [hačeli or em tsʰankanúm!]
¡Que tenga unas buenas vacaciones!	Հաճելի հանգիստ եմ ցանկանում։ [hačeli hangíst em tsʰankanúm!]
¡Que tenga un buen viaje!	Բարի ճանապարհ։ [barí čanapárh!]
¡Espero que se recupere pronto!	Շուտ ապաքինում եմ ցանկանում։ [šut apakʰinúm em tsʰankanúm!]

Socializarse

¿Por qué está triste?	Ինչո՞ւ եք տխրել:
	[inčú ekʰ txrel?]
¡Sonría! ¡Animese!	Ժպտացե՛ք:
	[ʒptatsʰékʰ!]
¿Está libre esta noche?	Դուք զբաղվա՞ծ եք այսօր երեկոյան:
	[dukʰ zbaġváts ekʰ ajsór erekoján?]

¿Puedo ofrecerle algo de beber?	Կարո՞ղ եմ առաջարկել
	ձեզ որևէ ըմպելիք:
	[karóg ēm aradʒarkél
	dzez vorevé əmpelíkʰ?]
¿Querría bailar conmigo?	Չե՞ք ցանկանա պարել:
	[čekʰ tsʰankaná parél?]
Vamos a ir al cine.	Գնա՛նք կինոթատրոն:
	[gnankʰ kinotʰatrón?]

¿Puedo invitarle a …?	Կարո՞ղ եմ հրավիրել ձեզ …:
	[karóg em hravirél dzez …?]
un restaurante	ռեստորան
	[restorán]
el cine	կինոթատրոն
	[kinotʰatrón]
el teatro	թատրոն
	[tʰatrón]
dar una vuelta	զբոսանքի
	[zbosankʰí]

¿A qué hora?	Ժամը քանիսի՞ն:
	[ʒámə kʰanisín?]
esta noche	այսօր երեկոյան
	[ajsór erekoján]
a las seis	ժամը վեցին
	[ʒámə vetsʰín]
a las siete	ժամը յոթին
	[ʒámə jotʰín]
a las ocho	ժամը ութին
	[ʒámə utʰín]
a las nueve	ժամը իննին
	[ʒámə innín]

¿Le gusta este lugar?	Ձեզ այստեղ դո՞ւր է գալիս:
	[dzez ajstég dur é galís?]
¿Está aquí con alguien?	Դուք այստեղ ինչ-որ մեկի հե՞տ եք:
	[dukʰ ajstég ínč-vor mekí het ekʰ]

Estoy con mi amigo /amiga/.	Ես ընկերոջս /ընկերուհու/ հետ եմ: [es ənkeródʒs /ənkeruhús/ het em]
Estoy con amigos.	Ես ընկերներիս հետ եմ: [es ənkernerís het em]
No, estoy solo /sola/.	Ես մենակ եմ: [es menák em]

¿Tienes novio?	Դու ընկեր ունե՞ս: [du ənkér unés?]
Tengo novio.	Ես ընկեր ունեմ: [es ənkér uném]
¿Tienes novia?	Դու ընկերուհի ունե՞ս: [du ənkeruhí unés?]
Tengo novia.	Ես ընկերուհի ունեմ: [es ənkeruhí uném]

¿Te puedo volver a ver?	Մենք դեռ կհանդիպե՞նք: [menkʰ der khandipénkʰ?]
¿Te puedo llamar?	Կարո՞ղ եմ քեզ զանգահարել: [karóg em kʰez zangaharél?]
Llámame.	Կզանգես: [kzangés]
¿Cuál es tu número?	Ո՞նց է համարդ [vontsʰ ē hamárt?]
Te echo de menos.	Ես կարոտում եմ քեզ: [es karotúm em kʰez]

¡Qué nombre tan bonito!	Դուք շատ գեղեցիկ անուն ունեք: [dukʰ šat geģetsʰík anún unékʰ]
Te quiero.	Ես սիրում եմ քեզ: [es sirúm em kʰez]
¿Te casarías conmigo?	Արի՛ ամուսնանանք: [arí amusnanánkʰ]
¡Está de broma!	Դուք կատակո՛ւմ եք: [dukʰ katakúm ekʰ]
Sólo estoy bromeando.	Ես ուղղակի կատակում եմ: [es uģgakí katakúm em]

¿En serio?	Դուք լրջ ե՞ք ասում: [dukʰ lúrdʒ ekʰ asúm?]
Lo digo en serio.	Ես լրջ եմ ասում: [es lurdʒ em asúm]
¿De verdad?	Իրո՞ք: [irókʰ?!]
¡Es increíble!	Դա անհավանական՛ն է: [da anhavanakán ē!]
No le creo.	Ես ձեզ չեմ հավատում: [es dzez čem havatúm]
No puedo.	Ես չեմ կարող: [es čem karóg]
No lo sé.	Ես չգիտեմ: [es čgitém]

No le entiendo.

Ես ձեզ չեմ հասկանում:
[es dzez čem haskaním]

Váyase, por favor.

Հեռացեք, խնդրում եմ:
[hératsʰekʰ, χndrum em]

¡Déjeme en paz!

Ինձ հանգիստ ստ թողեք:
[indz hangíst tʰogékʰ]

Es inaguantable.

Ես նրան տանել չեմ կարողանում:
[es nran tanél čem karoganím]

¡Es un asqueroso!

Դուք զզվելի' եք:
[dukʰ zəzvelí ekʰ]

¡Llamaré a la policía!

Ես ոստիկանություն'ն կկանչեմ:
[es vostikanutʰjún kəkančém!]

Compartir impresiones. Emociones

Me gusta.	Ինձ դա դուր է գալիս։ [indz da dur ē galís]
Muy lindo.	Հաճելի է։ [hačelí ē]
¡Es genial!	Հրաշալի՛ է! [hrašalí ē!]
No está mal.	Վատ չէ։ [vat čē]

No me gusta.	Սա ինձ դուր է գալիս։ [sa indz dur ē galís]
No está bien.	Դա լավ չէ։ [da lav čē]
Está mal.	Դա վատ է։ [da vat ē]
Está muy mal.	Դա շատ վատ է։ [da šat vat ē]
¡Qué asco!	Զզվելի է։ [zezvelí ē]

Estoy feliz.	Ես երջանիկ եմ։ [es erdžaník em]
Estoy contento /contenta/.	Ես գոհ եմ։ [es goh em]
Estoy enamorado /enamorada/.	Ես սիրահարվել եմ։ [es siraharvél em]
Estoy tranquilo.	Ես հանգիստ եմ։ [es hangíst em]
Estoy aburrido.	Ես ձանձրանում եմ։ [es dzandzranúm em]

Estoy cansado /cansada/.	Ես հոգնել եմ։ [es hognél em]
Estoy triste.	Ես տխուր եմ։ [es txur em]
Estoy asustado.	Ես վախեցած եմ։ [es vaxetsháts em]
Estoy enfadado /enfadada/.	Ես զայրանում եմ։ [es zajranúm em]

Estoy preocupado /preocupada/.	Ես անհանգստանում եմ։ [es anhangstanúm em]
Estoy nervioso /nerviosa/.	Ես ջղայնանում եմ։ [es džgájnanúm em]

Estoy celoso /celosa/.

Estoy sorprendido /sorprendida/.

Estoy perplejo /perpleja/.

Ես նախանձում եմ:
[es naxandzúm em]

Ես զարմացած եմ:
[es zarmatsʰáts em]

Ես շփոթված եմ:
[es špʰotʰváts em]

Problemas, Accidentes

Tengo un problema.	Ես խնդիր ունեմ: [es χndír uném]
Tenemos un problema.	Մենք խնդիրներ ունենք: [menkʰ χndírner unénkʰ]
Estoy perdido /perdida/.	Ես մոլորվել եմ: [es molorvél em]
Perdí el último autobús (tren).	Ես ուշացել եմ վերջին ավտոբուսից (գնացքից): [es ušatsʰél em avtobusítsʰ (gnatsʰkʰítsʰ)]
No me queda más dinero.	Ինձ մոտ դրամ ընդհանրապես չի մնացել: [indz mot drám əndhanrapés čí mnatsʰél]

He perdido …	Ես կորցրել եմ … [es kortsʰrél em …]
Me han robado …	Ինձ մոտից գողացել են … [indz mot gogatsʰél en …]
mi pasaporte	անձնագիրը [andznagírə]
mi cartera	դրամապանակը [dramapánákə]
mis papeles	փաստաթղթերը [pʰastatʰgtʰérə]
mi billete	տոմսը [tómsə]
mi dinero	փողը [pʰóǧə]
mi bolso	պայուսակը [pajusákə]
mi cámara	ֆոտոապարատը [fotoaparátə]
mi portátil	նոութբուքը [noutʰbúkʰə]
mi tableta	պլանշետը [planšétə]
mi teléfono	հեռախոսը [heraχósə]

¡Ayúdeme!	Oգնեցե՛ք: [ognetsʰékʰ!]
¿Qué pasó?	Ի՞նչ է պատահել: [inč̄ē pátahél?]

el incendio	հրդեհ [hrdeh]
un tiroteo	կրակոց [krakóts^h]
el asesinato	սպանություն [spanut^{h}jún]
una explosión	պայթյուն [pajt^{h}jún]
una pelea	կռիվ [kriv]

¡Llame a la policía!	Ոստիկանություն'ւն կանչեք: [vostikanut^{h}jún kančék^h!]
¡Más rápido, por favor!	Արագացրե'ք, խնդրում եմ: [aragáts^{h}rék^h χndrum em!]
Busco la comisaría.	Ես փնտրում եմ ոստիկանության բաժին [es p^{h}ntrum em vostikanut^{h}ján bažín]
Tengo que hacer una llamada.	Ինձ պետք է զանգահարել: [indz petk^h ē zangaharél]
¿Puedo usar su teléfono?	Կարո°ղ եմ զանգահարել?: [karóġ em zangaharél?]

Me han ...	Ինձ ... [indz ...]
asaltado /asaltada/	կողոպտել են [koġoptél en]
robado /robada/	թալանել են [t^{h}alanél en]
violada	բռնաբարել են [brnabarél en]
atacado /atacada/	ծեծել են [tsetsél en]

¿Se encuentra bien?	Չեզ հետ ամեն ինչ կարգի°ն է: [dzez hēt amén inč kargín ē?]
¿Ha visto quien a sido?	Դուք տեսե°լ եք, ով էր նա: [duk^h tesél ēk^h ov ēr na?]
¿Sería capaz de reconocer a la persona?	Կարո°ղ եք նրան ճանաչել: [karóġ ēk^h nran čanačél?]
¿Está usted seguro?	Համոզվա°ծ եք: [hamozváts ēk^h?]

Por favor, cálmese.	Խնդրում եմ, հանգստացեք: [χndrum em, hangstats^{h}ék^h]
¡Cálmese!	Հանգի'ստ: [hangíst!]
¡No se preocupe!	Մի անհանգստացեք: [mi anhangstats^{h}ék^h]
Todo irá bien.	Ամեն ինչ լավ կլինի: [amén inč lav klíní]
Todo está bien.	Ամեն ինչ կարգին է: [amén inč kargín ē]

Venga aquí, por favor.

Մոտեցե՛ք, խնդրեմ:
[motets^hék^h, χndrem]

Tengo unas preguntas para usted.

Ես ձեզ մի քանի հարց ունեմ տալու:
[es dzez mi k^haní harts^h uném talú]

Espere un momento, por favor.

Սպասե՛ք, խնդրեմ:
[spasék^h, χndrem]

¿Tiene un documento de identidad?

Դուք փաստաթղթեր ունե՞ք:
[duk^h p^hastat^hġt^hér unék^h?]

Gracias. Puede irse ahora.

Շնորհակալություն:
Դուք կարող եք գնալ:
[šnorhakalut^hjún.
duk^h karóġ ek^h gnal]

¡Manos detrás de la cabeza!

Ձեռքերը գլխի հետև՛:
[dzerk^hérə glχi hetév]

¡Está arrestado!

Դուք ձերբակալվա՞ծ եք:
[duk^h dzerbakalváts ek^h]

Problemas de salud

Ayudeme, por favor.	Oգնեցեք, խնդրում եմ: [ognets^hék^h, χndrum em]
No me encuentro bien.	Ես ինձ վատ եմ զգում: [es indz vat em zgum]
Mi marido no se encuentra bien.	Իմ ամուսինն իրեն վատ է զգում: [im amusínn irén vat ē zgum]
Mi hijo ...	Իմ որդին ... [im vordín ...]
Mi padre ...	Իմ հայրն ... [im hajrn ...]
Mi mujer no se encuentra bien.	Իմ կինն իրեն վատ է զգում: [im kinn irén vat ē zgum]
Mi hija ...	Իմ դուստրն ... [im dustrn ...]
Mi madre ...	Իմ մայրն ... [im majrn ...]
Me duele ...	Իմ ... ցավում է: [im ... ts^havúm ē]
la cabeza	գլուխը [glúχə]
la garganta	կոկորդը [kokórdə]
el estómago	փորը [p^hórə]
un diente	ատամը [atámə]
Estoy mareado.	Գլուխս պտտվում է: [glúχs ptətvúm ē]
Él tiene fiebre.	Նա ջերմություն ունի: [na dʒérmut^hjún uní]
Ella tiene fiebre.	Նա ջերմություն ունի: [na dʒérmut^hjún uní]
No puedo respirar.	Ես չեմ կարողանում շնչել: [es čem karoğanúm šnčel]
Me ahogo.	Խեղդվում եմ: [χeğdvúm em]
Tengo asma.	Ես աստմահար եմ: [es ast^hmahár em]
Tengo diabetes.	Ես շաքարախտ ունեմ: [es šak^haráχt uném]

No puedo dormir.	Ես անքնությւն ունեմ: [es ankʰnutʰjún uném]
intoxicación alimentaria	սննդային թունավորում [snəndajín tʰunavorúm]

Me duele aquí.	Այստեղ է ցավում: [ajstég ē tsʰavúm]
¡Ayúdeme!	Օգնեց՛ք: [ognetsʰékʰ!]
¡Estoy aquí!	Ես այստե՛ղ եմ: [es ajstég em!]
¡Estamos aquí!	Մենք այստե՛ղ ենք: [menkʰ ajstég enkʰ!]
¡Saquenme de aquí!	Հանե՛ք ինձ: [hanékʰ indz]
Necesito un médico.	Ինձ բժիշկ է պետք: [indz bʒišk ē petkʰ]
No me puedo mover.	Ես չեմ կարողանում շարժվել: [es čem karoğanúm šarʒvél]
No puedo mover mis piernas.	Ես չեմ զգում ոտքերս: [es čem zgum votkʰérs]

Tengo una herida.	Ես վիրավոր եմ: [es viravór em]
¿Es grave?	Լո՞ւրջ: [lurʤ?]
Mis documentos están en mi bolsillo.	Իմ փաստաթղթերը գրպանումս են: [im pʰastatʰgtʰérə grpanúms en]
¡Cálmese!	Հանգստացե՛ք: [hangstatsʰékʰ]
¿Puedo usar su teléfono?	Կարո՞ղ եմ զանգահարել: [karóğ em zangaharél?]

¡Llame a una ambulancia!	Շտապ օգնություն՛ն կանչեք: [štap ognutʰjún kančékʰ]
¡Es urgente!	Սա շտա՛պ է: [sa štap é!]
¡Es una emergencia!	Սա շա՛տ շտապ է: [sa šat štap ē!]
¡Más rápido, por favor!	Արագացրեք, խնդրո՛ւմ եմ: [aragatsʰrékʰ xndrum em!]
¿Puede llamar a un médico, por favor?	Բժիշկ կանչեք, խնդրում եմ: [bʒišk kančékʰ, xndrum em]
¿Dónde está el hospital?	Ասացեք, որտե՞ղ է հիվանդանոցը: [asatsʰékʰ, vortég ē hivandanótsʰə?]

¿Cómo se siente?	Ինչպե՞ս եք ձեզ զգում: [inčpés ekʰ dzez zgum?]
¿Se encuentra bien?	Ձեզ հետ ամեն ինչ կարգի՞ն է: [dzez hēt amén inč kargín ē?]
¿Qué pasó?	Ի՞նչ է պատահել: [inč ē patahél?]

Me encuentro mejor.

Ես արդեն ինձ լավ եմ զգում:
[es ardén indz lav em zgum]

Está bien.

Ամեն ինչ կարգին է:
[amén inč kargín ē]

Todo está bien.

Ամեն ինչ լավ է:
[amén inč lav ē]

En la farmacia

la farmacia
դեղատուն
[degatún]

la farmacia 24 horas
շուրջօրյա դեղատուն
[šurdžorjá degatún]

¿Dónde está la farmacia más cercana?
Որտեղ է մոտակա դեղատունը:
[vortég ē motaká degatúne?]

¿Está abierta ahora?
Այն հիմա բա՞ց է:
[ajn híma batsʰ ē?]

¿A qué hora abre?
Ժամը քանիսի՞ն է այն բացվում:
[žáme kʰanisín ē ajn batsʰvúm?]

¿A qué hora cierra?
Մինչև ո՞ր ժամն է այն աշխատում:
[minčév vor žamn ē ajn ašχatúm?]

¿Está lejos?
Դա հեռո՞ւ է:
[da hērú ē?]

¿Puedo llegar a pie?
Ես կհասնե՞մ այնտեղ ոտքով:
[es khasném ajntég votkʰóv?]

¿Puede mostrarme en el mapa?
Ցույց տվեք ինձ քարտեզի վրա, խնդրում եմ:
[tsʰujtsʰ tvekʰ indz kartezí vra, χndrum em]

Por favor, deme algo para …
Տվեք ինձ ինչ-որ բան … համար:
[tvekʰ indz ínč-vor ban … hamár]

un dolor de cabeza
գլխացավի
[glχatsʰaví]

la tos
հազի
[hazí]

el resfriado
մրսածության
[mrsatsutʰján]

la gripe
հարբուխի
[harbuχí]

la fiebre
ջերմության
[džermútʰján]

un dolor de estomago
փորացավի
[pʰoratsʰaví]

nauseas
սրտխառնոցի
[srtχarnotsʰí]

la diarrea
լուծի
[lutsí]

el estreñimiento
փորկապության
[pʰorkapútʰján]

un dolor de espalda	մեջքի ցավ [medʒkʰí tsʰav]
un dolor de pecho	կրծքի ցավ [krtskʰí tsʰav]
el flato	կողացավ [kogatsʰáv]
un dolor abdominal	փորացավ [pʰoratsʰáv]

la píldora	հաբ [hab]
la crema	քսուք, կրեմ [kʰsukʰ, krem]
el jarabe	օշարակ [ošarák]
el spray	սփրեյ [spʰrej]
las gotas	կաթիլներ [katʰílnér]

Tiene que ir al hospital.	Դուք պետք է հիվանդանոց գնաք: [dukʰ petkʰ ē hivandanótsʰ gnakʰ]
el seguro de salud	ապահովագրություն [apahovagrutʰjún]
la receta	դեղատոմս [deǵatóms]
el repelente de insectos	միջատների դեմ միջոց [mídʒatnerí dem midʒótsʰ]
la curita	լեյկոսպեղանի [lejkospeǵaní]

Lo más imprescindible

Perdone, …	Ներեցեք, … [nerets^hék^h, …]
Hola.	Բարև Ձեզ: [barév dzez]
Gracias.	Շնորհակալություն: [šnorhakalut^hjún]

Sí.	Այո: [ajó]
No.	Ոչ: [vočʼ]
No lo sé.	Ես չգիտեմ: [es čgitém]
¿Dónde? | ¿A dónde? | ¿Cuándo?	Որտե՞ղ: | Ու՞ր: | Ե՞րբ: [vórteǵ? | ur? | erb?]

Necesito …	Ինձ հարկավոր է … [indz harkavór e …]
Quiero …	Ես ուզում եմ … [es uzúm em …]
¿Tiene …?	Դուք ունե՞ք …: [duk^h unék^h …?]
¿Hay … por aquí?	Այստեղ կա՞ …: [ajstéǵ ka …?]
¿Puedo …?	Ես կարո՞ղ եմ …: [es karóǵ em …?]
…, por favor? (petición educada)	Խնդրում եմ [xndrum em]

Busco …	Ես փնտրում եմ … [es p^hntrum em …]
el servicio	զուգարան [zugarán]
un cajero automático	բանկոմատ [bankomát]
una farmacia	դեղատուն [deǵatún]
el hospital	հիվանդանոց [hivandanóts^h]

la comisaría	ոստիկանության բաժանմունք [vostikanut^hján bažanmúnk^h]
el metro	մետրո [metró]

un taxi	տաքսի [takʰsí]
la estación de tren	կայարան [kajarán]

Me llamo ...	Իմ անունը ... է: [im anúnə ... ē]
¿Cómo se llama?	Ձեր անունն ի՞նչ է? [dzer anúnn inč ē?]
¿Puede ayudarme, por favor?	Օգնեք ինձ, խնդրեմ: [ognetsʰékʰ indz, χndrem]
Tengo un problema.	Ես խնդիր ունեմ: [es χndir uném]
Me encuentro mal.	Ես ինձ վատ եմ զգում: [es indz vat em zgum]
¡Llame a una ambulancia!	Շտապ օգնություն կանչեք: [štap ognutʰjún kančékʰ]
¿Puedo llamar, por favor?	Կարո՞ղ եմ զանգահարել: [karóg em zangaharél?]

Lo siento.	Ներեցեք [neretsʰékʰ]
De nada.	Խնդրեմ [χndrem]

Yo	Ես [es]
tú	դու [du]
él	նա [na]
ella	նա [na]
ellos	նրանք [nrankʰ]
ellas	նրանք [nrankʰ]
nosotros /nosotras/	մենք [menkʰ]
ustedes, vosotros	դուք [dukʰ]
usted	Դուք [nrankʰ]

ENTRADA	ՄՈՒՏՔ [mutkʰ]
SALIDA	ԵԼՔ [elkʰ]
FUERA DE SERVICIO	ՉԻ ԱՇԽԱՏՈՒՄ [či ašχatúm]
CERRADO	ՓԱԿ Է [pʰak ē]

ABIERTO

ԲԱՑ Է
[batsʰ ē]

PARA SEÑORAS

ԿԱՆԱՑ ՀԱՄԱՐ
[kanántsʰ hamár]

PARA CABALLEROS

ՏՂԱՄԱՐԴԿԱՆՑ ՀԱՄԱՐ
[tġamardkántsʰ hamár]

DICCIONARIO CONCISO

Esta sección contiene más
de 1.500 palabras útiles.
El diccionario incluye muchos
términos gastronómicos
y será de gran ayuda para
pedir alimentos en un
restaurante o comprando
comestibles en la tienda

T&P Books Publishing

CONTENIDO
DEL DICCIONARIO

T&P Books Publishing

1. La hora. El calendario

tiempo (m)	ժամանակ	[ʒamanák]
hora (f)	ժամ	[ʒam]
media hora (f)	կես ժամ	[kes ʒam]
minuto (m)	րոպե	[ropé]
segundo (m)	վայրկյան	[vajrkján]

hoy (adv)	այսօր	[ajsór]
mañana (adv)	վաղը	[váɡə]
ayer (adv)	երեկ	[erék]

lunes (m)	երկուշաբթի	[erkušabtʰí]
martes (m)	երեքշաբթի	[erekʰšabtʰí]
miércoles (m)	չորեքշաբթի	[čorekʰšabtʰí]
jueves (m)	հինգշաբթի	[hingšabtʰí]
viernes (m)	ուրբաթ	[urbátʰ]
sábado (m)	շաբաթ	[šabátʰ]
domingo (m)	կիրակի	[kirakí]

día (m)	օր	[or]
día (m) de trabajo	աշխատանքային օր	[ašχatankʰajín or]
día (m) de fiesta	տոնական օր	[tonakán or]
fin (m) de semana	շաբաթ, կիրակի	[šabátʰ, kirakí]

semana (f)	շաբաթ	[šabátʰ]
semana (f) pasada	անցյալ շաբաթ	[antsʰjál šabátʰ]
semana (f) que viene	հաջորդ շաբաթ	[hadʒórt shabát]

salida (f) del sol	արևածագ	[arevaʦág]
puesta (f) del sol	մայրամուտ	[majramút]

por la mañana	առավոտյան	[aravotján]
por la tarde	ճաշից հետո	[čašíʦʰ hetó]
por la noche	երեկոյան	[erekoján]
esta noche (p.ej. 8:00 p.m.)	այսօր երեկոյան	[ajsór erekoján]
por la noche	գիշերը	[gišérə]
medianoche (f)	կեսգիշեր	[kesgišér]

enero (m)	հունվար	[hunvár]
febrero (m)	փետրվար	[pʰetrvár]
marzo (m)	մարտ	[mart]
abril (m)	ապրիլ	[apríl]
mayo (m)	մայիս	[majís]
junio (m)	հունիս	[hunís]
julio (m)	հուլիս	[hulís]

agosto (m)	oqnumnu	[ogostós]
septiembre (m)	սեպտեմբեր	[septembér]
octubre (m)	հոկտեմբեր	[hoktembér]
noviembre (m)	նոյեմբեր	[noembér]
diciembre (m)	դեկտեմբեր	[dektembér]
en primavera	գարնանը	[garnánə]
en verano	ամռանը	[amránə]
en otoño	աշնանը	[ašnánə]
en invierno	ձմռանը	[dzmránə]
mes (m)	ամիս	[amís]
estación (f)	սեզոն	[sezón]
año (m)	տարի	[tarí]
siglo (m)	դար	[dar]

2. Números. Los numerales

cifra (f)	թիվ	[tʰiv]
número (m) (~ cardinal)	թիվ	[tʰiv]
menos (m)	մինուս	[mínus]
más (m)	պլյուս	[pljus]
suma (f)	գումար	[gumár]
primero (adj)	առաջին	[aradʒín]
segundo (adj)	երկրորդ	[erkrórd]
tercero (adj)	երրորդ	[errórd]
cero	զրո	[zro]
uno	մեկ	[mek]
dos	երկու	[erkú]
tres	երեք	[erékʰ]
cuatro	չորս	[čors]
cinco	հինգ	[hing]
seis	վեց	[vetsʰ]
siete	յոթ	[jotʰ]
ocho	ութ	[utʰ]
nueve	ինը	[ínə]
diez	տաս	[tas]
once	տասնմեկ	[tasnmék]
doce	տասներկու	[tasnerkú]
trece	տասներեք	[tasnerékʰ]
catorce	տասնչորս	[tasnčórs]
quince	տասնհինգ	[tasnhíng]
dieciséis	տասնվեց	[tasnvétsʰ]
diecisiete	տասնյոթ	[tasnjótʰ]
dieciocho	տասնութ	[tasnútʰ]

diecinueve	տասնինը	[tasnínə]
veinte	քսան	[kʰsan]
treinta	երեսուն	[eresún]
cuarenta	քառասուն	[kʰarasún]
cincuenta	հիսուն	[hisún]

sesenta	վաթսուն	[vatʰsún]
setenta	յոթանասուն	[jotʰanasún]
ochenta	ութսուն	[utʰsún]
noventa	իննսուն	[innsún]
cien	հարյուր	[harjúr]
doscientos	երկու հարյուր	[erkú harjúr]
trescientos	երեք հարյուր	[erékʰ harjúr]
cuatrocientos	չորս հարյուր	[čórs harjúr]
quinientos	հինգ հարյուր	[hing harjúr]

seiscientos	վեց հարյուր	[vetsʰ harjúr]
setecientos	յոթ հարյուր	[jotʰ harjúr]
ochocientos	ութ հարյուր	[utʰ harjúr]
novecientos	իննը հարյուր	[ínə harjúr]
mil	հազար	[hazár]

diez mil	տաս հազար	[tas hazár]
cien mil	հարյուր հազար	[harjúr hazár]
millón (m)	միլիոն	[milión]
mil millones	միլիարդ	[miliárd]

3. El ser humano. Los familiares

hombre (m) (varón)	տղամարդ	[tġamárd]
joven (m)	պատանի	[pataní]
adolescente (m)	դեռահաս	[derahás]
mujer (f)	կին	[kin]
muchacha (f)	օրիորդ	[oriórd]

edad (f)	տարիք	[taríkʰ]
adulto	մեծահասակ	[metsahasák]
de edad media (adj)	միջին տարիքի	[midʒín tarikʰí]
anciano, mayor (adj)	տարեց	[tarétsʰ]
viejo (adj)	ծեր	[tser]

anciano (m)	ծերունի	[tseruní]
anciana (f)	պառավ	[paráv]
jubilación (f)	թոշակ	[tʰošák]
jubilarse	թոշակի գնալ	[tʰošakí gnál]
jubilado (m)	թոշակառու	[tʰošakarú]

madre (f)	մայր	[majr]
padre (m)	հայր	[hajr]
hijo (m)	որդի	[vordí]

hija (f)	դուստր	[dustr]
hermano (m)	եղբայր	[eġbájr]
hermana (f)	քույր	[kʰujr]

padres (pl)	ծնողներ	[tsnoġnér]
niño -a (m, f)	երեխա	[ereχá]
niños (pl)	երեխաներ	[ereχanér]
madrastra (f)	խորթ մայր	[χortʰ majr]
padrastro (m)	խորթ հայր	[χortʰ hajr]

abuela (f)	տատիկ	[tatík]
abuelo (m)	պապիկ	[papík]
nieto (m)	թոռ	[tʰor]
nieta (f)	թոռնուհի	[tʰornuhí]
nietos (pl)	թոռներ	[tʰornér]

sobrino (m)	քրոջորդի, քրոջ աղջիկ	[kʰrodʒordí], [kʰrodʒ aġdʒík]
sobrina (f)	եղբորորդի, եղբոր աղջիկ	[eġborordí], [eġbór aġdʒík]
mujer (f)	կին	[kin]
marido (m)	ամուսին	[amusín]
casado (adj)	ամուսնացած	[amusnatsʰáts]
casada (adj)	ամուսնացած	[amusnatsʰáts]
viuda (f)	այրի կին	[ajrí kin]
viudo (m)	այրի տղամարդ	[ajrí tġamárd]

| nombre (m) | անուն | [anún] |
| apellido (m) | ազգանուն | [azganún] |

pariente (m)	ազգական	[azgakán]
amigo (m)	ընկեր	[ənkér]
amistad (f)	ընկերություն	[ənkerutʰjún]

compañero (m)	գործընկեր	[gortsənkér]
superior (m)	պետ	[pet]
colega (m, f)	գործընկեր	[gortsənkér]
vecinos (pl)	հարևաններ	[harevannér]

4. El cuerpo. La anatomía humana

organismo (m)	օրգանիզմ	[organízm]
cuerpo (m)	մարմին	[marmín]
corazón (m)	սիրտ	[sirt]
sangre (f)	արյուն	[arjún]
cerebro (m)	ուղեղ	[uġéġ]
nervio (m)	ներվ	[nerv]

hueso (m)	ոսկոր	[voskór]
esqueleto (m)	կմախք	[kmaχkʰ]
columna (f) vertebral	ողնաշար	[voġnašár]

costilla (f)	կողոսկր	[koǵóskr]
cráneo (m)	գանգ	[gang]
músculo (m)	մկան	[mkan]
pulmones (m pl)	թոքեր	[tʰokʰér]
piel (f)	մաշկ	[mašk]
cabeza (f)	գլուխ	[gluχ]
cara (f)	երես	[erés]
nariz (f)	քիթ	[kʰitʰ]
frente (f)	ճակատ	[čakát]
mejilla (f)	այտ	[ajt]
boca (f)	բերան	[berán]
lengua (f)	լեզու	[lezú]
diente (m)	ատամ	[atám]
labios (m pl)	շրթունքներ	[šrtʰunkʰnér]
mentón (m)	կզակ	[kzak]
oreja (f)	ականջ	[akándʒ]
cuello (m)	պարանոց	[paranótsʰ]
garganta (f)	կոկորդ	[kokórd]
ojo (m)	աչք	[ačkʰ]
pupila (f)	բիբ	[bib]
ceja (f)	ունք	[unkʰ]
pestaña (f)	թարթիչ	[tʰartʰíč]
pelo, cabello (m)	մազեր	[mazér]
peinado (m)	սանրված	[sanrvátskʰ]
bigote (m)	բեղեր	[beǵér]
barba (f)	մորուք	[morúkʰ]
tener (~ la barba)	կրել	[krel]
calvo (adj)	ճաղատ	[čaǵát]
mano (f)	դաստակ	[dasták]
brazo (m)	թև	[tʰev]
dedo (m)	մատ	[mat]
uña (f)	եղունգ	[eǵúng]
palma (f)	ափ	[apʰ]
hombro (m)	ուս	[us]
pierna (f)	ոտք	[votkʰ]
planta (f)	ոտնաթաթ	[votnatʰátʰ]
rodilla (f)	ծունկ	[tsunk]
talón (m)	կրունկ	[krunk]
espalda (f)	մեջք	[medʒkʰ]
cintura (f), talle (m)	գոտկատեղ	[gotkatéǵ]
lunar (m)	խալ	[χal]

5. La medicina. Las drogas

salud (f)	առողջություն	[aroǵʒutʰjún]
sano (adj)	առողջ	[aróǵʒ]
enfermedad (f)	հիվանդություն	[hivandutʰjún]
estar enfermo	հիվանդ լինել	[hivánd linél]
enfermo (adj)	հիվանդ	[hivánd]

resfriado (m)	մրսածություն	[mrsatsutʰjún]
resfriarse (vr)	մրսել	[mrsel]
angina (f)	անգինա	[angína]
pulmonía (f)	թոքերի բորբոքում	[tʰokʰerí borbokʰúm]
gripe (f)	գրիպ	[grip]

resfriado (m) (coriza)	հարբուխ	[harbúχ]
tos (f)	հազ	[haz]
toser (vi)	հազալ	[hazál]
estornudar (vi)	փռշտալ	[pʰrštal]

insulto (m)	ուղեղի կաթված	[uǵeǵí katʰváts]
ataque (m) cardiaco	ինֆարկտ	[infárkt]
alergia (f)	ալերգիա	[alergía]
asma (f)	ասթմա	[astʰmá]
diabetes (f)	շաքարախտ	[šakʰaráχt]

tumor (m)	ուռուցք	[urútsʰkʰ]
cáncer (m)	քաղցկեղ	[kʰaǵtskéǵ]
alcoholismo (m)	հարբեցողություն	[harbetsʰoǵutʰjún]
SIDA (m)	ՁԻԱՀ	[dziáh]
fiebre (f)	տենդ	[tend]
mareo (m)	ծովային հիվանդություն	[tsovajín hivandutʰjún]

moradura (f)	կապտուկ	[kaptúk]
chichón (m)	ուռուցք	[urútsʰkʰ]
cojear (vi)	կաղալ	[kaǵál]
dislocación (f)	հոդախախտում	[hodaχaχtúm]
dislocar (vt)	հոդախախտել	[hodaχaχtél]

fractura (f)	կոտրվածք	[kotrvátskʰ]
quemadura (f)	այրվածք	[ajrvátskʰ]
herida (f)	վնասվածք	[vnasvátskʰ]
dolor (m)	ցավ	[tsʰav]
dolor (m) de muelas	ատամնացավ	[atamnatsʰáv]

sudar (vi)	քրտնել	[kʰrtnel]
sordo (adj)	խուլ	[χul]
mudo (adj)	համր	[hamr]

inmunidad (f)	իմունիտետ	[imunitét]
virus (m)	վարակ	[varák]
microbio (m)	մանրէ	[manré]

bacteria (f)	բակտերիա	[baktéria]
infección (f)	վարակ	[varák]

hospital (m)	հիվանդանոց	[hivandanótsʰ]
cura (f)	կազդուրում	[kazdurúm]
vacunar (vt)	պատվաստում անել	[patvastúm anél]
estar en coma	կոմայի մեջ գտնվել	[komají médʒ ənknél]
revitalización (f)	վերակենդանացում	[verakendanatsʰúm]
síntoma (m)	նախանշան	[naχanšán]
pulso (m)	զարկերակ	[zarkerák]

6. Los sentimientos. Las emociones

yo	ես	[es]
tú	դու	[du]
él, ella, ello	նա	[na]

nosotros, -as	մենք	[menkʰ]
vosotros, -as	դուք	[dukʰ]
ellos, ellas	նրանք	[nrankʰ]
¡Hola! (fam.)	Բարև	[barév]
¡Hola! (form.)	Բարև ձեզ	[barév dzéz!]
¡Buenos días!	Բարի լույս	[barí lújs!]
¡Buenas tardes!	Բարի օր	[barí ór!]
¡Buenas noches!	Բարի երեկո	[barí jerekó!]

decir hola	բարևել	[barevél]
saludar (vt)	ողջունել	[voǵdʒunél]
¿Cómo estás?	Ո՞նց ես գործերդ	[vontsʰ en gortsérd?]
¡Chau! ¡Adiós!	Ցտեսություն	[tsʰʰtesutʰjún!]
¡Gracias!	Շնորհակալություն	[šnorhakalutʰjún!]

sentimientos (m pl)	զգացմունքներ	[zgatsʰʰmunkʰnér]
tener hambre	ուզենալ ուտել	[uzenál utél]
tener sed	ուզենալ խմել	[uzenál χmel]
cansado (adj)	հոգնած	[hognáts]

inquietarse (vr)	անհանգստանալ	[anhangstanál]
estar nervioso	նյարդայնանալ	[njardajnanál]
esperanza (f)	հույս	[hujs]
esperar (tener esperanza)	հուսալ	[husál]

carácter (m)	բնավորություն	[bnavorutʰjún]
modesto (adj)	համեստ	[hamést]
perezoso (adj)	ծույլ	[tsujl]
generoso (adj)	ձեռնառատ	[dzernarát]
talentoso (adj)	տաղանդավոր	[taǵandavór]

honesto (adj)	ազնիվ	[aznív]
serio (adj)	լուրջ	[lurdʒ]

tímido (adj)	երկչոտ	[erkčót]
sincero (adj)	անկեղծ	[ankégts]
cobarde (m)	վախկոտ	[vaχkót]

dormir (vi)	քնել	[kʰnel]
sueño (m) (dulces ~s)	երազ	[eráz]
cama (f)	մահճակալ	[mahčakál]
almohada (f)	բարձ	[bardz]

insomnio (m)	անքնություն	[ankʰnutʰjún]
irse a la cama	գնալ քնելու	[gnal kʰnelú]
pesadilla (f)	մղձավանջ	[mġdzavándʒ]
despertador (m)	զարթուցիչ	[zartʰutsʰíč]

sonrisa (f)	ժպիտ	[ʒpit]
sonreír (vi)	ժպտալ	[ʒptal]
reírse (vr)	ծիծաղել	[tsitsaǵél]

disputa (f), riña (f)	վեճ	[več]
insulto (m)	վիրավորանք	[viravoránkʰ]
ofensa (f)	վիրավորանք	[viravoránkʰ]
enfadado (adj)	բարկացած	[barkatsʰáts]

7. La ropa. Accesorios personales

ropa (f)	հագուստ	[hagúst]
abrigo (m)	վերարկու	[verarkú]
abrigo (m) de piel	մուշտակ	[mušták]
cazadora (f)	բաճկոն	[bačkón]
impermeable (m)	թիկնոց	[tʰiknótsʰ]
camisa (f)	վերնաշապիկ	[vernašapík]
pantalones (m pl)	տաբատ	[tabát]
chaqueta (f), saco (m)	պիջակ	[pidʒák]
traje (m)	կոստյում	[kostjúm]

vestido (m)	զգեստ	[zgest]
falda (f)	շրջազգեստ	[šrdʒazgést]
camiseta (f) (T-shirt)	մարզաշապիկ	[marzašapík]
bata (f) de baño	խալաթ	[χalátʰ]
pijama (m)	ննջազգեստ	[nndʒazgést]
ropa (f) de trabajo	աշխատանքային համազգեստ	[ašχatankʰajín hamazgést]

ropa (f) interior	ներքնազգեստ	[nerkʰnazgést]
calcetines (m pl)	կիսագուլպա	[kisagulpá]
sostén (m)	կրծկալ	[krtskʰákal]
pantimedias (f pl)	զուգագուլպա	[zugagulpá]
medias (f pl)	գուլպաներ	[gulpanér]
traje (m) de baño	լողազգեստ	[loǵazgést]
gorro (m)	գլխարկ	[glχark]

calzado (m)	կոշիկ	[košík]
botas (f pl) altas	երկարաճիտ կոշիկներ	[erkaračít košiknér]
tacón (m)	կրունկ	[krunk]
cordón (m)	կոշկակապ	[koškakáp]
betún (m)	կոշիկի քսուք	[košikí ksúkʰ]

algodón (m)	բամբակ	[bambák]
lana (f)	բուրդ	[burd]
piel (f) (~ de zorro, etc.)	մորթի	[mortʰí]

guantes (m pl)	ձեռնոցներ	[dzernotsʰnér]
manoplas (f pl)	ձեռնոց	[dzernótsʰ]
bufanda (f)	շարֆ	[šarf]
gafas (f pl)	ակնոց	[aknótsʰ]
paraguas (m)	հովանոց	[hovanótsʰ]

corbata (f)	փողկապ	[pʰoġkáp]
moquero (m)	թաշկինակ	[tʰaškinák]
peine (m)	սանր	[sanr]
cepillo (m) de pelo	մազերի խոզանակ	[mazerí χozanák]
hebilla (f)	ճարմանդ	[čarmánd]
cinturón (m)	գոտի	[gotí]
bolso (m)	կանացի պայուսակ	[kanatsʰí pajusák]

cuello (m)	օձիք	[odzíkʰ]
bolsillo (m)	գրպան	[grpan]
manga (f)	թեկ	[tʰevkʰ]
bragueta (f)	լայնույթ	[lajnújtʰ]

cremallera (f)	կայծակաճարմանդ	[kajtsaka čarmánd]
botón (m)	կոճակ	[kočák]
ensuciarse (vr)	կեղտոտվել	[keġtotvél]
mancha (f)	բիծ	[bits]

8. La ciudad. Las instituciones urbanas

tienda (f)	խանութ	[χanútʰ]
centro (m) comercial	առևտրի կենտրոն	[arevtrí kentrón]
supermercado (m)	սուպերմարքեթ	[supermarkʰétʰ]
zapatería (f)	կոշիկի սրահ	[košikí sráh]
librería (f)	գրախանութ	[graχanútʰ]

farmacia (f)	դեղատուն	[deġatún]
panadería (f)	հացաբուլկեղենի խանութ	[hatsʰabulkeġení χanútʰ]
pastelería (f)	հրուշակեղենի խանութ	[hrušakeġení χanútʰ]
tienda (f) de comestibles	նպարեղենի խանութ	[npareġení χanútʰ]
carnicería (f)	մսի խանութ	[msi χanútʰ]
verdulería (f)	բանջարեղենի կրպակ	[bandzareġení krpák]
mercado (m)	շուկա	[šuká]
peluquería (f)	վարսավիրանոց	[varsaviranótsʰ]

oficina (f) de correos	փոստ	[pʰost]
tintorería (f)	քիմմաքրման կետ	[kʰimmakʰrmán két]
circo (m)	կրկես	[krkes]
zoológico (m)	կենդանաբանական այգի	[kendanabanakán ajgí]
teatro (m)	թատրոն	[tʰatrón]
cine (m)	կինոթատրոն	[kinotʰatrón]
museo (m)	թանգարան	[tʰangarán]
biblioteca (f)	գրադարան	[gradarán]

mezquita (f)	մզկիթ	[mzkitʰ]
sinagoga (f)	սինագոգ	[sinagóg]
catedral (f)	տաճար	[tačár]
templo (m)	տաճար	[tačár]
iglesia (f)	եկեղեցի	[ekeġetsʰí]

instituto (m)	ինստիտուտ	[institút]
universidad (f)	համալսարան	[hamalsarán]
escuela (f)	դպրոց	[dprotsʰ]

hotel (m)	հյուրանոց	[hjuranótsʰ]
banco (m)	բանկ	[bank]
embajada (f)	դեսպանատուն	[despanatún]
agencia (f) de viajes	տուրիստական գործակալություն	[turistakán gortsakalutʰjún]

metro (m)	մետրո	[metró]
hospital (m)	հիվանդանոց	[hivandanótsʰ]
gasolinera (f)	բենզալցակայան	[benzaltsʰakaján]
aparcamiento (m)	ավտոկայան	[avtokaján]

ENTRADA	ՄՈՒՏՔ	[mutkʰ]
SALIDA	ԵԼՔ	[elkʰ]
EMPUJAR	ԴԵՊԻ ԴՈՒՐՍ	[depí durs]
TIRAR	ԴԵՊԻ ՆԵՐՍ	[dépi ners]
ABIERTO	ԲԱՑ Է	[batsʰ ē]
CERRADO	ՓԱԿ Է	[pʰak ē]

monumento (m)	արձան	[ardzán]
fortaleza (f)	ամրոց	[amrótsʰ]
palacio (m)	պալատ	[palát]

medieval (adj)	միջնադարյան	[midʒnadarján]
antiguo (adj)	հինավուրց	[hinavúrtsʰ]
nacional (adj)	ազգային	[azgajín]
conocido (adj)	հայտնի	[hajtní]

9. El dinero. Las finanzas

dinero (m)	դրամ	[dram]
moneda (f)	մետաղադրամ	[metaġadrám]

dólar (m)	դոլլար	[dollár]
euro (m)	եվրո	[évro]

cajero (m) automático	բանկոմատ	[bankomát]
oficina (f) de cambio	փոխանակման կետ	[pʰoχanakmán két]
curso (m)	փոխարժեք	[pʰoχarʒékʰ]
dinero (m) en efectivo	կանխիկ դրամ	[kanχík dram]
¿Cuánto?	Որքա՞ն արժե	[vorkʰán arʒé?]
pagar (vi, vt)	վճարել	[včarél]
pago (m)	վճար	[včár]
cambio (m) (devolver el ~)	մանր	[manr]

precio (m)	գին	[gin]
descuento (m)	զեղչ	[zeġč]
barato (adj)	էժան	[ēʒán]
caro (adj)	թանկ	[tʰank]

banco (m)	բանկ	[bank]
cuenta (f)	հաշիվ	[hašív]
tarjeta (f) de crédito	վարկային քարտ	[varkʰajín kʰárt]
cheque (m)	չեք	[čekʰ]
sacar un cheque	չեք դուրս գրել	[čekʰ durs grel]
talonario (m)	չեքային գրքույկ	[čekʰajín grkʰújk]

deuda (f)	պարտք	[partkʰ]
deudor (m)	պարտապան	[partapán]
prestar (vt)	պարտքով տալ	[partkʰóv tal]
tomar prestado	պարտքով վերցնել	[partkʰóv vertsʰnél]

alquilar (vt)	վարձել	[vardzél]
a crédito (adv)	վարկով	[varkóv]
cartera (f)	թղթապանակ	[tʰġtʰapanák]
caja (f) fuerte	չհրկիզվող պահարան	[čhrkizvóg paharán]
herencia (f)	ժառանգություն	[ʒarangutʰjún]
fortuna (f)	ունեցվածք	[unetsʰvátskʰ]

impuesto (m)	հարկ	[hark]
multa (f)	տուգանք	[tugánkʰ]
multar (vt)	տուգանել	[tuganél]

al por mayor (adj)	մեծածախ	[metsatsáχ]
al por menor (adj)	մանրածախ	[manratsáχ]
asegurar (vt)	ապահովագրել	[apahovagrél]
seguro (m)	ապահովագրություն	[apahovagrutʰjún]

capital (m)	կապիտալ	[kapitál]
volumen (m) de negocio	շրջանառություն	[šrǯanarutʰjún]
acción (f)	բաժնետոմս	[baʒnetóms]
beneficio (m)	շահույթ	[šahújtʰ]
beneficioso (adj)	շահավետ	[šahavét]
crisis (f)	ճգնաժամ	[čgnaʒám]
bancarrota (f)	սնանկություն	[snankutʰjún]

ir a la bancarrota	սնանկանալ	[snǝnkanál]
contable (m)	հաշվապահ	[hašvapáh]
salario (m)	աշխատավարձ	[ašχatavárdz]
premio (m)	պարգևավճար	[pargevavčár]

10. El transporte

autobús (m)	ավտոբուս	[avtobús]
tranvía (m)	տրամվայ	[tramváj]
trolebús (m)	տրոլեյբուս	[trolejbús]
ir en ...	... ով գնալ	[... ov gnal]
tomar (~ el autobús)	նստել	[nstel]
bajar (~ del tren)	իջնել	[idӡnél]
parada (f)	կանգառ	[kangár]
parada (f) final	վերջին կանգառ	[verdӡín kangár]
horario (m)	ժամանակացույց	[ӡamanakatsʰújtsʰ]
billete (m)	տոմս	[toms]
llegar tarde (vi)	ուշանալ	[ušanál]
taxi (m)	տաքսի	[taksí]
en taxi	տաքսիով	[taksióv]
parada (f) de taxi	տաքսիների կայան	[taksinerí kaján]
tráfico (m)	ճանապարհային երթևեկություն	[čanaparhajín ertʰevekutʰjún]
horas (f pl) de punta	պիկ ժամ	[pík ӡám]
aparcar (vi)	կանգնեցնել	[kangnetsʰnél]
metro (m)	մետրո	[metró]
estación (f)	կայարան	[kajarán]
tren (m)	գնացք	[gnatsʰkʰ]
estación (f)	կայարան	[kajarán]
rieles (m pl)	գծեր	[gtser]
compartimiento (m)	կուպե	[kupé]
litera (f)	մահճակ	[mahčák]
avión (m)	ինքնաթիռ	[inkʰnatʰír]
billete (m) de avión	ավիատոմս	[aviatóms]
compañía (f) aérea	ավիաընկերություն	[aviaǝnkerutʰjún]
aeropuerto (m)	օդանավակայան	[odanavakaján]
vuelo (m)	թռիչք	[tʰričkʰ]
equipaje (m)	ուղեբեռ	[uġebér]
carrito (m) de equipaje	սայլակ	[sajlák]
barco, buque (m)	նավ	[nav]
trasatlántico (m)	լայներ	[lájner]
yate (m)	զբոսանավ	[zbosanáv]

bote (m) de remo	նավակ	[navák]
capitán (m)	նավապետ	[navapét]
camarote (m)	նավասենյակ	[navasenják]
puerto (m)	նավահանգիստ	[navahangíst]

bicicleta (f)	հեծանիվ	[hetsanív]
scooter (m)	մոտոռոլլեր	[motoróller]
motocicleta (f)	մոտոցիկլ	[mototsʰíkl]
pedal (m)	ոտնակ	[votnák]
bomba (f)	պոմպ	[pomp]
rueda (f)	անիվ	[anív]

coche (m)	ավտոմեքենա	[avtomekʰená]
ambulancia (f)	շտապ օգնություն	[štáp ognutʰjún]
camión (m)	բեռնատար	[bernatár]
de ocasión (adj)	օգտագործված	[ogtagortsváts]
accidente (m)	վթար	[vtʰar]
reparación (f)	նորոգում	[norogúm]

11. La comida. Unidad 1

carne (f)	միս	[mis]
gallina (f)	հավ	[hav]
pato (m)	բադ	[bad]

carne (f) de cerdo	խոզի միս	[xozí mis]
carne (f) de ternera	հորթի միս	[hortʰí mís]
carne (f) de carnero	ոչխարի միս	[vočxarí mis]
carne (f) de vaca	տավարի միս	[tavarí mis]

salchichón (m)	երշիկ	[eršík]
huevo (m)	ձու	[dzu]
pescado (m)	ձուկ	[dzuk]
queso (m)	պանիր	[panír]
azúcar (m)	շաքար	[šakʰár]
sal (f)	աղ	[ağ]

arroz (m)	բրինձ	[brindz]
macarrones (m pl)	մակարոն	[makarón]
mantequilla (f)	սերուցքային կարագ	[serutsʰkʰajín karág]
aceite (m) vegetal	բուսական յուղ	[busakán júğ]
pan (m)	հաց	[hatsʰ]
chocolate (m)	շոկոլադ	[šokolád]

vino (m)	գինի	[giní]
café (m)	սուրճ	[surč]
leche (f)	կաթ	[katʰ]
zumo (m), jugo (m)	հյութ	[hjutʰ]
cerveza (f)	գարեջուր	[garedzúr]
té (m)	թեյ	[tʰej]

tomate (m)	լոլիկ	[lolík]
pepino (m)	վարունգ	[varúng]
zanahoria (f)	գազար	[gazár]
patata (f)	կարտոֆիլ	[kartofíl]
cebolla (f)	սոխ	[soχ]
ajo (m)	սխտոր	[sχtor]

col (f)	կաղամբ	[kaǵámb]
remolacha (f)	բազուկ	[bazúk]
berenjena (f)	սմբուկ	[smbuk]
eneldo (m)	սամիթ	[samítʰ]
lechuga (f)	սալաթ	[salátʰ]
maíz (m)	եգիպտացորեն	[egiptatsʰorén]

fruto (m)	միրգ	[mirg]
manzana (f)	խնձոր	[χndzor]
pera (f)	տանձ	[tandz]
limón (m)	կիտրոն	[kitrón]
naranja (f)	նարինջ	[naríndʒ]
fresa (f)	ելակ	[elák]

ciruela (f)	սալոր	[salór]
frambuesa (f)	մորի	[morí]
piña (f)	արքայախնձոր	[arkʰajaχndzór]
banana (f)	բանան	[banán]
sandía (f)	ձմերուկ	[dzmerúk]
uva (f)	խաղող	[χaǵóǵ]
melón (m)	սեխ	[seχ]

12. La comida. Unidad 2

cocina (f)	խոհանոց	[χohanótsʰ]
receta (f)	բաղադրատոմս	[baǵadratóms]
comida (f)	կերակուր	[kerakúr]

desayunar (vi)	նախաճաշել	[naχačašél]
almorzar (vi)	ճաշել	[čašél]
cenar (vi)	ընթրել	[əntʰrél]

sabor (m)	համ	[ham]
sabroso (adj)	համեղ	[haméǵ]
frío (adj)	սառը	[sárə]
caliente (adj)	տաք	[takʰ]
azucarado, dulce (adj)	քաղցր	[kʰaǵtsʰr]
salado (adj)	աղի	[aǵí]

bocadillo (m)	բրդուճ	[brduč]
guarnición (f)	գարնիր	[garnír]
relleno (m)	լցոն	[ltsʰon]
salsa (f)	սոուս	[soús]

pedazo (m)	կտոր	[ktor]
dieta (f)	սննդակարգ	[snndakárg]
vitamina (f)	վիտամին	[vitamín]
caloría (f)	կալորիա	[kalória]
vegetariano (m)	բուսակեր	[busakér]
restaurante (m)	ռեստորան	[restorán]
cafetería (f)	սրճարան	[srčarán]
apetito (m)	ախորժակ	[aχorʒák]
¡Que aproveche!	Բարի ախորժա՜կ	[barí aχorʒák]
camarero (m)	մատուցող	[matuʦʰóg̃]
camarera (f)	մատուցողուհի	[matuʦʰog̃uhí]
barman (m)	բարմեն	[barmén]
carta (f), menú (m)	մենյու	[menjú]
cuchara (f)	գդալ	[gdal]
cuchillo (m)	դանակ	[danák]
tenedor (m)	պատառաքաղ	[patarakʰág̃]
taza (f)	բաժակ	[baʒák]
plato (m)	ափսե	[apʰsé]
platillo (m)	պնակ	[pnak]
servilleta (f)	անձեռոցիկ	[andzerotsʰík]
mondadientes (m)	ատամնափորիչ	[atamnapʰoríč]
pedir (vt)	պատվիրել	[patvirél]
plato (m)	ճաշատեսակ	[čašatesák]
porción (f)	բաժին	[baʒín]
entremés (m)	խորտիկ	[χortík]
ensalada (f)	աղցան	[ag̃ʦʰán]
sopa (f)	ապուր	[apúr]
postre (m)	աղանդեր	[ag̃andér]
confitura (f)	մուրաբա	[murabá]
helado (m)	պաղպաղակ	[pag̃pag̃ák]
cuenta (f)	հաշիվ	[hašív]
pagar la cuenta	հաշիվը փակել	[hašívə pʰakél]
propina (f)	թեյավճար	[tʰejapʰóg̃]

13. La casa. El apartamento. Unidad 1

casa (f)	տուն	[tun]
casa (f) de campo	քաղաքից դուրս տուն	[kʰag̃akítsʰ durs tun]
villa (f)	վիլլա	[vílla]
piso (m), planta (f)	հարկ	[hark]
entrada (f)	մուտք	[mutkʰ]
pared (f)	պատ	[pat]
techo (m)	տանիք	[taníkʰ]

chimenea (f)	խողովակ	[χoǵovák]
desván (m)	ձեղնահարկ	[dzeǵnahárk]
ventana (f)	պատուհան	[patuhán]
alféizar (m)	պատուհանագող	[patuhanagóg]
balcón (m)	պատշգամբ	[patšgámb]

escalera (f)	աստիճան	[astičán]
buzón (m)	փոստարկղ	[pʰostárkǵ]
contenedor (m) de basura	աղբարկղ	[aǵbárkǵ]
ascensor (m)	վերելակ	[verelák]

electricidad (f)	էլեկտրականություն	[ēlektrakanutʰjún]
bombilla (f)	լամպ	[lamp]
interruptor (m)	անջատիչ	[andʒatíč]
enchufe (m)	վարդակ	[vardák]
fusible (m)	ապահովիչ	[apahovíč]

puerta (f)	դուռ	[dur]
tirador (m)	բռնակ	[brnak]
llave (f)	բանալի	[banalí]
felpudo (m)	փոքր գորգ	[pʰokʰr gorg]

cerradura (f)	փական	[pʰakán]
timbre (m)	զանգ	[zang]
toque (m) a la puerta	թակոց	[tʰakótsʰ]
tocar la puerta	թակել	[tʰakél]
mirilla (f)	դիտանցք	[ditántsʰkʰ]

patio (m)	բակ	[bak]
jardín (m)	այգի	[ajgí]
piscina (f)	լողավազան	[loǵavazán]
gimnasio (m)	սպորտային դահլիճ	[sportajín dahlíč]
cancha (f) de tenis	թենիսի հարթակ	[tʰenisí harták]
garaje (m)	ավտոտնակ	[avtotnák]

propiedad (f) privada	մասնավոր սեփականություն	[masnavór sepʰakanutʰjún]
letrero (m) de aviso	զգուշացնող գրություն	[zgušatsʰnóǵ grutʰjún]
seguridad (f)	պահակություն	[pahakutʰjún]
guardia (m) de seguridad	պահակ	[pahák]

renovación (f)	վերանորոգում	[veranorogúm]
renovar (vt)	վերանորոգում անել	[veranorogúm anél]
poner en orden	կարգի բերել	[kargí berél]
pintar (las paredes)	ներկել	[nerkél]
empapelado (m)	պաստառ	[pastár]

cubrir con barniz	լաքապատել	[lakʰapatél]
tubo (m)	խողովակ	[χoǵovák]
instrumentos (m pl)	գործիքներ	[gortsikʰnér]
sótano (m)	նկուղ	[nkuǵ]
alcantarillado (m)	կոյուղի	[kojuǵí]

14. La casa. El apartamento. Unidad 2

apartamento (m)	բնակարան	[bnakarán]
habitación (f)	սենյակ	[senják]
dormitorio (m)	ննջարան	[nndʒarán]
comedor (m)	ճաշասենյակ	[čašasenják]

salón (m)	հյուրասենյակ	[hjurasenják]
despacho (m)	աշխատասենյակ	[ašχatasenják]
antecámara (f)	նախասենյակ	[naχasenják]
cuarto (m) de baño	լոգարան	[logarán]
servicio (m)	զուգարան	[zugarán]

suelo (m)	հատակ	[haták]
techo (m)	առաստաղ	[arastáǵ]

limpiar el polvo	փոշին սրբել	[pʰošín srbél]
aspirador (m), aspiradora (f)	փոշեկուլ	[pʰošekúl]
limpiar con la aspiradora	փոշեկուլով մաքրել	[pʰošekulóv makʰrél]

fregona (f)	շվաբր	[švabr]
trapo (m)	ջնջոց	[dʒndʒotsʰ]
escoba (f)	ավել	[avél]
cogedor (m)	աղբաման	[aǵbakál]
muebles (m pl)	կահույք	[kahújkʰ]
mesa (f)	սեղան	[seǵán]
silla (f)	աթոռ	[atʰór]
sillón (m)	բազկաթոռ	[bazkatʰór]

librería (f)	գրապահարան	[grapaharán]
estante (m)	դարակ	[darák]
armario (m)	պահարան	[paharán]

espejo (m)	հայելի	[hajelí]
tapiz (m)	գորգ	[gorg]
chimenea (f)	բուխարի	[buχarí]
cortinas (f pl)	վարագույր	[varagújr]
lámpara (f) de mesa	սեղանի լամպ	[seǵaní lámp]
lámpara (f) de araña	ջահ	[dʒah]

cocina (f)	խոհանոց	[χohanótsʰ]
cocina (f) de gas	գազօջախ	[gazodʒáχ]
cocina (f) eléctrica	էլեկտրական սալօջախ	[ēlektrakán salodʒáχ]
horno (m) microondas	միկրոալիքային վառարան	[mikroalikʰajín vararán]

frigorífico (m)	սառնարան	[sarnarán]
congelador (m)	սառնախցիկ	[sarnaχtsʰík]
lavavajillas (m)	աման լվացող մեքենա	[amán lvatsʰóǵ mekʰená]
grifo (m)	ծորակ	[tsorák]
picadora (f) de carne	մսաղաց	[msaǵátsʰ]

exprimidor (m)	հյութաքամիչ	[hjutʰakʰamíč]
tostador (m)	տոստեր	[tostér]
batidora (f)	հարիչ	[haríč]

cafetera (f) (aparato de cocina)	սրճեփ	[srčepʰ]
hervidor (m) de agua	թեյնիկ	[tʰejník]
tetera (f)	թեյամán	[tʰejamán]

televisor (m)	հեռուստացույց	[herustatsʰújtsʰ]
vídeo (m)	տեսամագնիտոֆոն	[tesamagnitofón]
plancha (f)	արդուկ	[ardúk]
teléfono (m)	հեռախոս	[heraχós]

15. Los trabajos. El estatus social

director (m)	տնօրեն	[tnorén]
superior (m)	պետ	[pet]
presidente (m)	նախագահ	[naχagáh]
asistente (m)	օգնական	[ognakán]
secretario, -a (m, f)	քարտուղар	[kʰartuǵár]

propietario (m)	սեփականատեր	[sepʰakanatér]
socio (m)	գործընկեր	[gortsənkér]
accionista (m)	բաժնետեր	[baʒnetér]

hombre (m) de negocios	գործարար	[gortsarár]
millonario (m)	միլիոնատեր	[milionatér]
multimillonario (m)	միլիարդեր	[miliardatér]

actor (m)	դերասán	[derasán]
arquitecto (m)	ճարտարապետ	[čartarapét]
banquero (m)	բանկատեր	[bankatér]
broker (m)	բրոկեր	[bróker]
veterinario (m)	անասնաբույժ	[anasnabújʒ]
médico (m)	բժիշկ	[bʒišk]
camarera (f)	սպասավորուհի	[spasavoruhí]
diseñador (m)	դիզայներ	[dizajnér]
corresponsal (m)	թղթակից	[tʰǵtʰakítsʰ]
repartidor (m)	առաքիչ	[arakʰíč]

electricista (m)	մոնտյոր	[montjor]
músico (m)	երաժիշտ	[eraʒíšt]
niñera (f)	դայակ	[daják]
peluquero (m)	վարսահարդար	[varsahardár]
pastor (m)	հովիվ	[hovív]

cantante (m)	երգիչ	[ergíč]
traductor (m)	թարգմանիչ	[tʰargmaníč]
escritor (m)	գրող	[groǵ]

| carpintero (m) | ատաղձագործ | [ataǵdzaɣórʦ] |
| cocinero (m) | խոհարար | [χoharár] |

bombero (m)	հրշեջ	[hršedʒ]
policía (m)	ոստիկան	[vostikán]
cartero (m)	փոստատար	[pʰostatár]
programador (m)	ծրագրավորող	[ʦragravoróǵ]
vendedor (m)	վաճառող	[vačaróǵ]

obrero (m)	բանվոր	[banvór]
jardinero (m)	այգեպան	[ajgepán]
fontanero (m)	սանտեխնիկ	[santeχník]
dentista (m)	ատամնաբույժ	[atamnabújʒ]
azafata (f)	ուղեկցորդուհի	[uǵekʦʰorduhí]

bailarín (m)	պարող	[paróǵ]
guardaespaldas (m)	թիկնապահ	[tʰiknapáh]
científico (m)	գիտնական	[gitnakán]
profesor (m) (~ de baile, etc.)	ուսուցիչ	[usuʦʰíč]

granjero (m)	ֆերմեր	[fermér]
cirujano (m)	վիրաբույժ	[virabújʒ]
minero (m)	հանքափոր	[hankʰapʰór]
jefe (m) de cocina	շեֆ-խոհարար	[šéf χoharár]
chofer (m)	վարորդ	[varórd]

16. Los deportes

tipo (m) de deporte	մարզաձև	[marzaʣév]
fútbol (m)	ֆուտբոլ	[futból]
hockey (m)	հոկեյ	[hokéj]
baloncesto (m)	բասկետբոլ	[basketból]
béisbol (m)	բեյսբոլ	[bejsból]

voleibol (m)	վոլեյբոլ	[volejból]
boxeo (m)	բռնցքամարտ	[brnʦʰkʰamárt]
lucha (f)	ըմբշամարտ	[əmbšamárt]
tenis (m)	թենիս	[tʰenís]
natación (f)	լող	[loǵ]

ajedrez (m)	շախմատ	[šaχmát]
carrera (f)	մրցավազք	[mrʦʰavázkʰ]
atletismo (m)	թեթև աթլետիկա	[tʰetʰév atlétika]
patinaje (m) artístico	գեղասահք	[geǵasáhkʰ]
ciclismo (m)	հեծանվասպորտ	[heʦanvaspórt]

billar (m)	բիլյարդ	[biljárd]
culturismo (m)	բոդիբիլդինգ	[bodibílding]
golf (m)	գոլֆ	[golf]

buceo (m)	դայվինգ	[dájving]
vela (f)	առագաստանավային սպորտ	[aragastanavajín sport]
tiro (m) con arco	նետաձգություն	[netadzgutʰjún]

tiempo (m)	խաղակես	[xaġakés]
descanso (m)	ընդմիջում	[əndmidʒúm]
empate (m)	ոչ ոքի	[voč vokʰí]
empatar (vi)	ոչ ոքի խաղալ	[voč vokʰí xaġál]

cinta (f) de correr	վազքուղի	[vazkʰuġí]
jugador (m)	խաղացող	[xaġatsʰóġ]
reserva (m)	պահեստային խաղացող	[pahestajín xaġatsʰóġ]
banquillo (m) de reserva	պահեստայիններրի նստարան	[pahestajinnerí nstarán]

match (m)	հանդիպում	[handipúm]
puerta (f)	դարպաս	[darpás]
portero (m)	դարպասապահ	[darpasapáh]
gol (m)	գոլ	[gol]

Juegos (m pl) Olímpicos	օլիմպիական խաղեր	[olimpiakán xaġér]
establecer un record	սահմանել ռեկորդ	[sahmanél rekórd]
final (m)	ավարտ	[avárt]
campeón (m)	չեմպյոն	[čempión]
campeonato (m)	առաջնություն	[aradʒnutʰjún]

vencedor (m)	հաղթող	[haġtʰóġ]
victoria (f)	հաղթանակ	[haġtʰanák]
ganar (vi)	հաղթել	[haġtʰél]
perder (vi)	պարտվել	[partvél]
medalla (f)	մեդալ	[medál]

primer puesto (m)	առաջին տեղ	[aradʒín téġ]
segundo puesto (m)	երկրորդ տեղ	[erkrórd teġ]
tercer puesto (m)	երրորդ տեղ	[errórd teġ]

estadio (m)	մարզադաշտ	[marzadášt]
hincha (m)	մարզասեր	[marzasér]
entrenador (m)	մարզիչ	[marzíč]
entrenamiento (m)	մարզում	[marzúm]

17. Los idiomas extranjeros. La ortografía

lengua (f)	լեզու	[lezú]
estudiar (vt)	ուսումնասիրել	[usumnasirél]
pronunciación (f)	արտասանություն	[artasanutʰjún]
acento (m)	ակցենտ	[aktsʰént]
sustantivo (m)	գոյական	[gojakán]
adjetivo (m)	ածական	[atsakán]

| verbo (m) | բայ | [baj] |
| adverbio (m) | մակբայ | [makbáj] |

pronombre (m)	դերանուն	[deranún]
interjección (f)	ձայնարկություն	[dzajnarkutʰjún]
preposición (f)	նախդիր	[naχdír]

raíz (f), radical (m)	արմատ	[armát]
desinencia (f)	վերջավորություն	[verdʒavorutʰjún]
prefijo (m)	նախածանց	[naχatsántsʰ]
sílaba (f)	վանկ	[vank]
sufijo (m)	վերջածանց	[verdʒatsántsʰ]

acento (m)	շեշտ	[šešt]
punto (m)	վերջակետ	[verdʒakét]
coma (f)	ստորակետ	[storakét]
dos puntos (m pl)	բութ	[butʰ]
puntos (m pl) suspensivos	բազմակետ	[bazmakét]

pregunta (f)	հարց	[hartsʰ]
signo (m) de interrogación	հարցական նշան	[hartsʰakán nšan]
signo (m) de admiración	բացականչական նշան	[batsʰakančakán nšán]

entre comillas	չակերտների մեջ	[čakertneí médʒ]
entre paréntesis	փակագծերի մեջ	[pʰakagtserí medʒ]
letra (f)	տառ	[tar]
letra (f) mayúscula	մեծատառ	[metsatár]

oración (f)	նախադասություն	[naχadasutʰjún]
combinación (f) de palabras	բառակապակցություն	[barakapaktsʰutʰjún]
expresión (f)	արտահայտություն	[artahajtutʰjún]

sujeto (m)	ենթակա	[entʰaká]
predicado (m)	ստորոգյալ	[storogjál]
línea (f)	տող	[toǧ]
párrafo (m)	պարբերություն	[parberutʰjún]

sinónimo (m)	հոմանիշ	[homaníš]
antónimo (m)	հականիշ	[hakaníš]
excepción (f)	բացառություն	[batsʰarutʰjún]
subrayar (vt)	ընդգծել	[əndgtsél]

reglas (f pl)	կանոն	[kanón]
gramática (f)	քերականություն	[kʰerakanutʰjún]
vocabulario (m)	բառագիտություն	[baragitutʰjún]
fonética (f)	հնչյունաբանություն	[hnčjunabanutʰjún]
alfabeto (m)	այբուբեն	[ajbubén]

manual (m)	դասագիրք	[dasagírkʰ]
diccionario (m)	բառարան	[bararán]
guía (f) de conversación	զրուցարան	[zrutsʰarán]

palabra (f)	բառ	[bar]
significado (m)	իմաստ	[imást]
memoria (f)	հիշողություն	[hišoġutʰjún]

18. La Tierra. La geografía

Tierra (f)	Երկիր	[erkír]
globo (m) terrestre	երկրագունդ	[erkragúnd]
planeta (m)	մոլորակ	[molorák]

geografía (f)	աշխարհագրություն	[ašχarhagrutʰjún]
naturaleza (f)	բնություն	[bnutʰjún]
mapa (m)	քարտեզ	[kʰartéz]
atlas (m)	ատլաս	[atlás]

en el norte	հյուսիսում	[hjusisúm]
en el sur	հարավում	[haravúm]
en el oeste	արևմուտքում	[arevmutkʰúm]
en el este	արևելքում	[arevelkʰúm]

mar (m)	ծով	[tsov]
océano (m)	օվկիանոս	[ovkianós]
golfo (m)	ծոց	[tsotsʰ]
estrecho (m)	նեղուց	[neġútsʰ]

continente (m)	մայրցամաք	[majrtsʰamákʰ]
isla (f)	կղզի	[kġzi]
península (f)	թերակղզի	[tʰerakġzí]
archipiélago (m)	արշիպելագ	[aršipelág]

ensenada, bahía (f)	նավահանգիստ	[navahangíst]
arrecife (m) de coral	մարջանախութ	[mardʒanaχútʰ]
orilla (f)	ափ	[apʰ]
costa (f)	ծովափ	[tsovápʰ]

flujo (m)	մակընթացություն	[makəntʰatsʰutʰjún]
reflujo (m)	տեղատվություն	[teġatvutʰjún]

latitud (f)	լայնություն	[lajnutʰjún]
longitud (f)	երկարություն	[erkarutʰjún]
paralelo (m)	զուգահեռական	[zugaherakán]
ecuador (m)	հասարակած	[hasarakáts]

cielo (m)	երկինք	[erkínkʰ]
horizonte (m)	հորիզոն	[horizón]
atmósfera (f)	մթնոլորտ	[mtʰnolórt]

montaña (f)	լեռ	[ler]
cima (f)	գագաթ	[gagátʰ]
roca (f)	ժայռ	[ʒajr]

colina (f)	բլուր	[blur]
volcán (m)	հրաբուխ	[hrabúχ]
glaciar (m)	սառցադաշտ	[sartsʰadášt]
cascada (f)	ջրվեժ	[dʒrveʒ]
llanura (f)	հարթավայր	[hartʰavájr]

río (m)	գետ	[get]
manantial (m)	աղբյուր	[aġbjúr]
ribera (f)	ափ	[apʰ]
río abajo (adv)	հոսանքն ի վայր	[hosánkʰn í vájr]
río arriba (adv)	հոսանքն ի վեր	[hosánkʰn í vér]

lago (m)	լիճ	[lič]
presa (f)	ամբարտակ	[ambarták]
canal (m)	ջրանցք	[dʒrántsʰkʰ]
pantano (m)	ճահիճ	[čahíč]
hielo (m)	սառույց	[sarújtsʰ]

19. Los países. Unidad 1

Europa (f)	Եվրոպա	[evrópa]
Unión (f) Europea	Եվրոմիություն	[evromiutʰjún]
europeo (m)	Եվրոպացի	[evropatsʰí]
europeo (adj)	Եվրոպական	[evropakán]

Austria (f)	Ավստրիա	[avstria]
Gran Bretaña (f)	Մեծ Բրիտանիա	[mets británia]
Inglaterra (f)	Անգլիա	[ánglia]
Bélgica (f)	Բելգիա	[bélgia]
Alemania (f)	Գերմանիա	[germánia]

Países Bajos (m pl)	Նիդերլանդներ	[niderlandnér]
Holanda (f)	Հոլանդիա	[holándia]
Grecia (f)	Հունաստան	[hunastán]
Dinamarca (f)	Դանիա	[dánia]
Irlanda (f)	Իռլանդիա	[irlándia]

Islandia (f)	Իսլանդիա	[islándia]
España (f)	Իսպանիա	[ispánia]
Italia (f)	Իտալիա	[itália]
Chipre (m)	Կիպրոս	[kiprós]
Malta (f)	Մալթա	[máltʰa]

Noruega (f)	Նորվեգիա	[norvégia]
Portugal (m)	Պորտուգալիա	[portugália]
Finlandia (f)	Ֆինլանդիա	[finlándia]
Francia (f)	Ֆրանսիա	[fránsia]
Suecia (f)	Շվեդիա	[švédia]
Suiza (f)	Շվեյցարիա	[švejtsʰária]
Escocia (f)	Շոտլանդիա	[šotlándia]

Vaticano (m)	Վատիկան	[vatikán]
Liechtenstein (m)	Լիխտենեշտայն	[liχtenštájn]
Luxemburgo (m)	Լյուքսեմբուրգ	[ljukʰsembúrg]

Mónaco (m)	Մոնակո	[monáko]
Albania (f)	Ալբանիա	[albánia]
Bulgaria (f)	Բուլղարիա	[bulğária]
Hungría (f)	Վենգրիա	[véngria]
Letonia (f)	Լատվիա	[látvia]

Lituania (f)	Լիտվա	[litvá]
Polonia (f)	Լեհաստան	[lehastán]
Rumania (f)	Ռումինիա	[rumínia]
Serbia (f)	Սերբիա	[sérbia]
Eslovaquia (f)	Սլովակիա	[slovákia]

Croacia (f)	Խորվատիա	[χorvátia]
Chequia (f)	Չեխիա	[čéχia]
Estonia (f)	Էստոնիա	[ēstónia]
Bosnia y Herzegovina	Բոսնիա և Հերցեգովինա	[bósnia év hertsʰegovína]
Macedonia	Մակեդոնիա	[makedónia]

Eslovenia	Սլովենիա	[slovénia]
Montenegro (m)	Չեռնոգորիա	[černogória]
Bielorrusia (f)	Բելառուս	[belarús]
Moldavia (f)	Մոլդովա	[moldóva]
Rusia (f)	Ռուսաստան	[rusastán]
Ucrania (f)	Ուկրաինա	[ukraína]

20. Los países. Unidad 2

Asia (f)	Ասիա	[ásia]
Vietnam (m)	Վիետնամ	[vjetnám]
India (f)	Հնդկաստան	[hndkastán]
Israel (m)	Իսրայել	[israjél]
China (f)	Չինաստան	[činastán]

Líbano (m)	Լիբանան	[libanán]
Mongolia (f)	Մոնղոլիա	[monğólia]
Malasia (f)	Մալայզիա	[malájzia]
Pakistán (m)	Պակիստան	[pakistán]
Arabia (f) Saudita	Սաուդյան Արաբիա	[saudján arábia]

Tailandia (f)	Թաիլանդ	[tʰ ailánd]
Taiwán (m)	Թայվան	[tʰ ajván]
Turquía (f)	Թուրքիա	[tʰ úrkʰia]
Japón (m)	Ճապոնիա	[čapónia]
Afganistán (m)	Աֆղանստան	[afğanstán]
Bangladesh (m)	Բանգլադեշ	[bangladéš]
Indonesia (f)	Ինդոնեզի	[indonézia]

Jordania (f)	Հորդանան	[hordanán]
Irak (m)	Իրաք	[irákʰ]
Irán (m)	Պարսկաստան	[parskastán]

Camboya (f)	Կամպուչիա	[kampučía]
Kuwait (m)	Քուվեյթ	[kʰuvéjtʰ]
Laos (m)	Լաոս	[laós]
Myanmar (m)	Մյանմար	[mjanmár]
Nepal (m)	Նեպալ	[nepál]

Emiratos (m pl) Árabes Unidos	Միավորված Արաբական Էմիրություններ	[miavováts arabakán ēmirutʰjunnér]
Siria (f)	Սիրիա	[síria]
Palestina (f)	Պաղեստինիան ինքնավարություն	[paģestinján inkʰnavarutʰjún]
Corea (f) del Sur	Հարավային Կորեա	[haravajín koréa]
Corea (f) del Norte	Հյուսիսային Կորեա	[hjusisajín koréa]

Estados Unidos de América	Ամերիկայի Միացյալ Նահանգներ	[amerikají miatsʰjál nahangnér]
Canadá (f)	Կանադա	[kanáda]
Méjico (m)	Մեքսիկա	[mékʰsika]
Argentina (f)	Արգենտինա	[argentína]
Brasil (m)	Բրազիլիա	[brazília]

Colombia (f)	Կոլումբիա	[kolúmbia]
Cuba (f)	Կուբա	[kúba]
Chile (m)	Չիլի	[číli]
Venezuela (f)	Վենեսուելա	[venesuéla]
Ecuador (m)	Էկվադոր	[ēkvadór]

Islas (f pl) Bahamas	Բահամյան կղզիներ	[bahamján kģzinér]
Panamá (f)	Պանամա	[panáma]
Egipto (m)	Եգիպտոս	[egiptós]
Marruecos (m)	Մարոկկո	[marókko]
Túnez (m)	Թունիս	[tʰunís]

Kenia (f)	Քենիա	[kʰénia]
Libia (f)	Լիբիա	[líbia]
República (f) Sudafricana	Հարավ-Աֆրիկյան հանրապետություն	[haráv afrikján hanrapetutʰjún]
Australia (f)	Ավստրալիա	[avstrália]
Nueva Zelanda (f)	Նոր Զելանդիա	[nor zelándia]

21. El tiempo. Los desastres naturales

tiempo (m)	եղանակ	[eģanák]
previsión (f) del tiempo	եղանակի տեսություն	[eģanakí tesutʰjún]
temperatura (f)	ջերմաստիճան	[dʒermastičán]
termómetro (m)	ջերմաչափ	[dʒermačápʰ]

barómetro (m)	ծանրաչափ	[tsanračáp^h]
sol (m)	արև	[arév]
brillar (vi)	շողալ	[šoğál]
soleado (un día ~)	արևային	[arevajín]
elevarse (el sol)	ծագել	[tsagél]
ponerse (vr)	մայր մտնել	[majr mtnel]

lluvia (f)	անձրև	[andzrév]
está lloviendo	անձրև է գալիս	[andzrév ē galís]
aguacero (m)	տեղատարափ անձրև	[teğataráp^h andzrév]
nubarrón (m)	թուխպ	[t^huχp]
charco (m)	ջրակույտ	[dʒrakújt]
mojarse (vr)	թրջվել	[t^hrdʒvel]

tormenta (f)	փոթորիկ	[p^hot^horík]
relámpago (m)	կայծակ	[kajtsák]
relampaguear (vi)	փայլատակել	[p^hajlatakél]
trueno (m)	որոտ	[vorót]
está tronando	ամպերը որոտում են	[ampérə vorotúm én]
granizo (m)	կարկուտ	[karkút]
está granizando	կարկուտ է գալիս	[karkút ē galís]

bochorno (m)	տապ	[tap]
hace mucho calor	շոգ է	[šog ē]
hace calor (templado)	տաք է	[tak^h ē]
hace frío	ցուրտ է	[ts^húrt ē]

niebla (f)	մառախուղ	[maraχúğ]
nebuloso (adj)	մառախլապատ	[maraχlapát]
nube (f)	ամպ	[amp]
nuboso (adj)	ամպամած	[ampamáts]
humedad (f)	խոնավություն	[χonavut^hjún]

nieve (f)	ձյուն	[dzjun]
está nevando	ձյուն է գալիս	[dzjún ē galís]
helada (f)	սառնամանիք	[sarnamaník^h]
bajo cero (adv)	զրոյից ցածր	[zrojíts^h ts^hátsr]
escarcha (f)	եղյամ	[eğjám]

mal tiempo (m)	վատ եղանակ	[vat eğanák]
catástrofe (f)	աղետ	[ağét]
inundación (f)	հեղեղում	[heğeğúm]
avalancha (f)	հուսին	[husín]
terremoto (m)	երկրաշարժ	[erkrašárʒ]

sacudida (f)	ցնցում	[ts^hnts^hum]
epicentro (m)	էպիկենտրոն	[ēpikentrón]
erupción (f)	ժայթքում	[ʒajt^hk^húm]
lava (f)	լավա	[láva]

| tornado (m) | տորնադո | [tornádo] |
| torbellino (m) | մրրկասյուն | [mrrkasjún] |

huracán (m)	մրրիկ	[mrrik]
tsunami (m)	ցունամի	[tsʰunámi]
ciclón (m)	ցիկլոն	[tsʰiklón]

22. Los animales. Unidad 1

| animal (m) | կենդանի | [kendaní] |
| carnívoro (m) | գիշատիչ | [gišatíč] |

tigre (m)	վագր	[vagr]
león (m)	առյուծ	[arjúts]
lobo (m)	գայլ	[gajl]
zorro (m)	աղվես	[aġvés]
jaguar (m)	հովազ	[hováz]

lince (m)	լուսան	[lusán]
coyote (m)	կոյոտ	[kojót]
chacal (m)	շնագայլ	[šnagájl]
hiena (f)	բորենի	[borení]

ardilla (f)	սկյուռ	[skjur]
erizo (m)	ոզնի	[vozní]
conejo (m)	ճագար	[čagár]
mapache (m)	ջրարջ	[dʒrardʒ]

hámster (m)	գերմանամուկ	[germanamúk]
topo (m)	խլուրդ	[xlurd]
ratón (m)	մուկ	[muk]
rata (f)	առնետ	[arnét]
murciélago (m)	չղջիկ	[čġdʒik]

castor (m)	կուղբ	[kuġb]
caballo (m)	ձի	[dzi]
ciervo (m)	եղջերու	[eġdʒerú]
camello (m)	ուղտ	[uġt]
cebra (f)	զեբր	[zebr]

ballena (f)	կետ	[ket]
foca (f)	փոկ	[pʰok]
morsa (f)	ծովափիղ	[tsovapʰíġ]
delfín (m)	դելֆին	[delfín]

oso (m)	արջ	[ardʒ]
mono (m)	կապիկ	[kapík]
elefante (m)	փիղ	[pʰíġ]
rinoceronte (m)	ռնգեղջյուր	[rngeġdʒjúr]
jirafa (f)	ընձուղտ	[əndzúġt]

| hipopótamo (m) | գետաձի | [getadzí] |
| canguro (m) | ագևազ | [agevázz] |

| gata (f) | կատու | [katú] |
| perro (m) | շուն | [šun] |

vaca (f)	կով	[kov]
toro (m)	ցուլ	[tsʰul]
oveja (f)	ոչխար	[voč̣ár]
cabra (f)	այծ	[ajts]

asno (m)	ավանակ	[avanák]
cerdo (m)	խոզ	[χoz]
gallina (f)	հավ	[hav]
gallo (m)	աքլոր	[akʰlór]

pato (m)	բադ	[bad]
ganso (m)	սագ	[sag]
pava (f)	հնդկահավ	[hndkaháv]
perro (m) pastor	հովվաշուն	[hovvašún]

23. Los animales. Unidad 2

pájaro (m)	թռչուն	[tʰrčun]
paloma (f)	աղավնի	[aǧavní]
gorrión (m)	ճնճղուկ	[čnčǧuk]
carbonero (m)	երաշտահավ	[eraštaháv]
urraca (f)	կաչաղակ	[kačaǧák]

águila (f)	արծիվ	[artsív]
azor (m)	շահեն	[šahén]
halcón (m)	բազե	[bazé]

cisne (m)	կարապ	[karáp]
grulla (f)	կռունկ	[krunk]
cigüeña (f)	արագիլ	[aragíl]
loro (m), papagayo (m)	թութակ	[tʰutʰák]
pavo (m) real	սիրամարգ	[siramárg]
avestruz (m)	ջայլամ	[dʒajlám]

garza (f)	ձկնկուլ	[dzknkul]
ruiseñor (m)	սոխակ	[soχák]
golondrina (f)	ծիծեռնակ	[tsitsernák]
pájaro carpintero (m)	փայտփորիկ	[pʰajtpʰorík]
cuco (m)	կկու	[kəkú]
lechuza (f)	բու	[bu]

pingüino (m)	պինգվին	[pingvín]
atún (m)	թյունոս	[tʰjunnós]
trucha (f)	իշխան	[išχán]
anguila (f)	օձաձուկ	[odzadzúk]
tiburón (m)	շնաձուկ	[šnadzúk]
centolla (f)	ծովախեցգետին	[tsovaχetsʰgetín]

| medusa (f) | մեդուզա | [medúza] |
| pulpo (m) | ութոտնուկ | [utʰotnúk] |

estrella (f) de mar	ծովաստղ	[tsovástɟ]
erizo (m) de mar	ծովոզնի	[tsovozní]
caballito (m) de mar	ծովաձի	[tsovadzí]
camarón (m)	մանր ծովախեցգետին	[mánr tsovaxetsʰgetín]

serpiente (f)	օձ	[odz]
víbora (f)	իժ	[iʒ]
lagarto (m)	մողես	[moɡés]
iguana (f)	իգուանա	[iguána]
camaleón (m)	քամելեոն	[kʰameleón]
escorpión (m)	կարիճ	[karíč]

tortuga (f)	կրիա	[kriá]
rana (f)	գորտ	[gort]
cocodrilo (m)	կոկորդիլոս	[kokordilós]
insecto (m)	միջատ	[midʒát]
mariposa (f)	թիթեռ	[tʰitʰér]
hormiga (f)	մրջուն	[mrdʒun]
mosca (f)	ճանճ	[čanč]

mosquito (m) (picadura de ~)	մծակ	[motsák]
escarabajo (m)	բզեզ	[bzez]
abeja (f)	մեղու	[meɡú]
araña (f)	սարդ	[sard]
mariquita (f)	զատիկ	[zatík]

24. Los árboles. Las plantas

árbol (m)	ծառ	[tsar]
abedul (m)	կեչի	[kečí]
roble (m)	կաղնի	[kaɡní]
tilo (m)	լորի	[lorí]
pobo (m)	կաղամախի	[kaɡamaxí]

arce (m)	թխկի	[tʰχki]
pícea (f)	եղեվնի	[eɡevní]
pino (m)	սոճի	[sočí]
cedro (m)	մայրի	[majrí]

álamo (m)	բարդի	[bardí]
serbal (m)	սնձենի	[sndzení]
haya (f)	հաճարենի	[hačarení]
olmo (m)	ծփի	[tspʰi]

| fresno (m) | հացենի | [hatsʰení] |
| castaño (m) | շագանակենի | [šaganakení] |

| palmera (f) | արմավենի | [armavení] |
| mata (f) | թուփ | [tʰupʰ] |

seta (f)	սունկ	[sunk]
seta (f) venenosa	թունավոր սունկ	[tʰunavór sunk]
seta calabaza (f)	սպիտակ սունկ	[spiták súnk]
rúsula (f)	դառնամատիտեղ	[darnamatitéǵ]
matamoscas (m)	ճանճասպան	[čančaspán]
oronja (f) verde	թունավոր սունկ	[tʰunavór sunk]

flor (f)	ծաղիկ	[tsaǵík]
ramo (m) de flores	ծաղկեփունջ	[tsaǵkepʰúndʒ]
rosa (f)	վարդ	[vard]
tulipán (m)	վարդակակաչ	[vardakakáč]
clavel (m)	մեխակ	[meχák]

manzanilla (f)	երիցուկ	[eritsʰúk]
cacto (m)	կակտուս	[káktus]
muguete (m)	հովտաշուշան	[hovtašušán]
campanilla (f) de las nieves	ձնծաղիկ	[dzntsaǵík]
nenúfar (m)	ջրաշուշան	[dʒrašušán]

invernadero (m) tropical	ջերմոց	[dʒermótsʰ]
césped (m)	գազոն	[gazón]
macizo (m) de flores	ծաղկաթումբ	[tsaǵkatʰúmb]

planta (f)	բույս	[bujs]
hierba (f)	խոտ	[χot]
hoja (f)	տերև	[terév]
pétalo (m)	թերթիկ	[tʰertʰík]
tallo (m)	ցողուն	[tsʰoǵún]
retoño (m)	ծիլ	[tsil]

cereales (m pl) (plantas)	հացահատիկային բույսեր	[hatsʰahatikajín bujsér]
trigo (m)	ցորեն	[tsʰorén]
centeno (m)	տարեկան	[tarekán]
avena (f)	վարսակ	[varsák]

mijo (m)	կորեկ	[korék]
cebada (f)	գարի	[garí]
maíz (m)	եգիպտացորեն	[egiptatsʰorén]
arroz (m)	բրինձ	[brindz]

25. Varias palabras útiles

alto (m) (parada temporal)	ընդմիջում	[əndmidʒúm]
ayuda (f)	օգնություն	[ognutʰjún]
balance (m)	հավասարակշռություն	[havasarakšrutʰjún]
base (f) (~ científica)	հիմք	[himkʰ]
categoría (f)	տեսակ	[tesák]

coincidencia (f)	համընկնում	[hamənknúm]
comienzo (m) (principio)	սկիզբ	[skizb]
comparación (f)	համեմատություն	[hamematutʰjún]
desarrollo (m)	զարգացում	[zargatsʰúm]
diferencia (f)	տարբերություն	[tarberutʰjún]

efecto (m)	արդյունք	[ardjúnkʰ]
ejemplo (m)	օրինակ	[orinák]
variedad (f) (selección)	ընտրություն	[əntrutʰjún]
elemento (m)	տարր	[tarr]
error (m)	սխալմունք	[sxalmúnkʰ]

esfuerzo (m)	ջանք	[dʒankʰ]
estándar (adj)	ստանդարտային	[standartajín]
estilo (m)	ոճ	[voč]
forma (f) (contorno)	տեսք	[teskʰ]

grado (m) (en mayor ~)	աստիճան	[astičán]
hecho (m)	փաստ	[pʰast]
ideal (m)	իդեալ	[ideál]
modo (m) (de otro ~)	միջոց	[midʒótsʰ]
momento (m)	պահ	[pah]

obstáculo (m)	խոչընդոտ	[xočəndót]
parte (f)	մաս	[mas]
pausa (f)	դադար	[dadár]
posición (f)	դիրք	[dirkʰ]
problema (m)	խնդիր	[xndir]

proceso (m)	ընթացք	[əntʰátsʰkʰ]
progreso (m)	առաջադիմություն	[aradʒadimutʰjún]
propiedad (f) (cualidad)	հատկություն	[hatkutʰjún]
reacción (f)	ռեակցիա	[reáktsʰia]
riesgo (m)	ռիսկ	[risk]

secreto (m)	գաղտնիք	[gaġtníkʰ]
serie (f)	շարք	[šarkʰ]
sistema (m)	համակարգ	[hamakárg]
situación (f)	իրադրություն	[iradrutʰjún]
solución (f)	լուծում	[lutsúm]
tabla (f) (~ de multiplicar)	աղյուսակ	[aġjusák]
tempo (m) (ritmo)	տեմպ	[temp]

| término (m) | տերմին | [termín] |
| tipo (m) (p.ej. ~ de deportes) | ձև | [dzev] |

turno (m) (esperar su ~)	հերթականություն	[hertʰakanutʰjún]
urgente (adj)	շտապ	[štap]
utilidad (f)	օգուտ	[ogút]
variante (f)	տարբերակ	[tarberák]
verdad (f)	ճշմարտություն	[čšmartutʰjún]
zona (f)	հատված	[hatváts]

26. Los adjetivos. Unidad 1

abierto (adj)	բաց	[baṫsʰ]
adicional (adj)	լրացուցիչ	[lratsʰutsʰíč]
agrio (sabor ~)	թթու	[tʰtʰu]
agudo (adj)	սուր	[sur]
amargo (adj)	դառը	[dárə]

amplio (~a habitación)	ընդարձակ	[əndardzák]
antiguo (adj)	հնամյա	[hnamjá]
arriesgado (adj)	ռիսկային	[riskajín]
artificial (adj)	արհեստական	[arhestakán]
azucarado, dulce (adj)	քաղցր	[kʰaġtsʰr]

bajo (voz ~a)	ցածր	[tsʰatsr]
bello (hermoso)	գեղեցիկ	[geġetsʰík]
blando (adj)	փափուկ	[pʰapúk]
bronceado (adj)	արևառ	[arevár]
central (adj)	կենտրոնական	[kentronakán]

ciego (adj)	կույր	[kujr]
clandestino (adj)	ընդհատակյա	[əndhatakjá]
compatible (adj)	համատեղելի	[hamateġelí]
congelado (pescado ~)	սառեցված	[saretsʰváts]
contento (adj)	գոհ	[goh]
continuo (adj)	տևական	[tevakán]

cortés (adj)	հարգալից	[hargalítsʰ]
corto (adj)	կարճ	[karč]
crudo (huevos ~s)	հում	[hum]
de segunda mano	օգտագործված	[ogtagortsváts]
denso (~a niebla)	թանձր	[tʰandzr]

derecho (adj)	աջ	[adʒ]
difícil (decisión)	բարդ	[bard]
dulce (agua ~)	քաղցրահամ	[kʰaġtsʰrahám]
duro (material, etc.)	կոշտ	[košt]
enfermo (adj)	հիվանդ	[hivánd]

enorme (adj)	հսկա	[hska]
especial (adj)	հատուկ	[hatúk]
estrecho (calle, etc.)	նեղ	[neġ]
exacto (adj)	ճշգրիտ	[čšgrit]
excelente (adj)	հիանալի	[hianalí]

excesivo (adj)	գեր	[ger]
exterior (adj)	արտաքին	[artakʰín]
fácil (adj)	հեշտ	[hešt]
feliz (adj)	երջանիկ	[erdʒaník]
fértil (la tierra ~)	բերքառատ	[berkʰarát]
frágil (florero, etc.)	փխրուն	[pʰχrun]

fuerte (~ voz)	քարձր	[bardzr]
fuerte (adj)	ուժեղ	[uʒég]
grande (en dimensiones)	մեծ	[mets]
gratis (adj)	անվճար	[anvčár]
importante (adj)	կարեւոր	[karevór]

infantil (adj)	մանկական	[mankakán]
inmóvil (adj)	անշարժ	[anšárʒ]
inteligente (adj)	խելացի	[xelatsʰí]
interior (adj)	ներքին	[nerkʰín]
izquierdo (adj)	ձախ	[dzaχ]

27. Los adjetivos. Unidad 2

largo (camino)	երկար	[erkár]
legal (adj)	օրինական	[orinakán]
ligero (un metal ~)	թեթեւ	[tʰetʰév]
limpio (camisa ~)	մաքուր	[makʰúr]
líquido (adj)	ջրալի	[dʒráli]

liso (piel, pelo, etc.)	հարթ	[hartʰ]
lleno (adj)	լի	[li]
maduro (fruto, etc.)	հասած	[hasáts]
malo (adj)	վատ	[vat]
mate (sin brillo)	փայլատ	[pʰajlát]

misterioso (adj)	հանելուկային	[hanelukajín]
muerto (adj)	մեռած	[meráts]
natal (país ~)	հայրենի	[hajrení]
negativo (adj)	բացասական	[batsʰasakán]
no difícil (adj)	դյուրին	[djurín]

normal (adj)	նորմալ	[normál]
nuevo (adj)	նոր	[nor]
obligatorio (adj)	պարտադիր	[partadír]
opuesto (adj)	հակառակ	[hakarák]
ordinario (adj)	հասարակ	[hasarák]

original (inusual)	յուրօրինակ	[jurorinák]
peligroso (adj)	վտանգավոր	[vtangavór]
pequeño (adj)	փոքր	[pʰokʰr]
perfecto (adj)	գերազանց	[gerazántsʰ]
personal (adj)	անձնական	[andznakán]
pobre (adj)	աղքատ	[aġkʰát]

poco claro (adj)	ոչ պարզ	[voč parz]
poco profundo (adj)	ծանծաղ	[tsantsáġ]
posible (adj)	հնարավոր	[hnaravór]
principal (~ idea)	հիմնական	[himnakán]
principal (la entrada ~)	գլխավոր	[glχavór]

probable (adj)	հավանական	[havanakán]
público (adj)	հասարակական	[hasarakakán]
rápido (adj)	արագ	[arág]
raro (adj)	հազվագյուտ	[hazvagjút]
recto (línea ~a)	ուղիղ	[uǵíǵ]
sabroso (adj)	համեղ	[haméǵ]
siguiente (avión, etc.)	հաջորդ	[hadʒórd]
similar (adj)	նման	[nman]
sólido (~a pared)	ամուր	[amúr]
sucio (no limpio)	կեղտոտ	[keǵtót]
tonto (adj)	հիմար	[himár]
triste (mirada ~)	տխուր	[tχur]
último (~a oportunidad)	վերջին	[verdʒín]
último (~a vez)	անցյալ	[antsʰjál]
vacío (vaso medio ~)	դատարկ	[datárk]
viejo (casa ~a)	ծեր	[tser]

28. Los verbos. Unidad 1

abrir (vt)	բացել	[batsʰél]
acabar, terminar (vt)	ավարտել	[avartél]
acusar (vt)	մեղադրել	[meǵadrél]
agradecer (vt)	շնորհակալություն հայտնել	[šnorhakalutʰjún hajtnél]
almorzar (vi)	ճաշել	[čašél]
alquilar (~ una casa)	վարձել	[vardzél]
anular (vt)	չեղարկել	[čeǵarkél]
anunciar (vt)	հայտարարել	[hajtararél]
apagar (vt)	անջատել	[andʒatél]
autorizar (vt)	թույլատրել	[tʰujlatrél]
ayudar (vt)	օգնել	[ognél]
bailar (vi, vt)	պարել	[parél]
beber (vi, vt)	ըմպել	[əmpél]
borrar (vt)	հեռացնել	[heratsʰnél]
bromear (vi)	կատակել	[katakél]
bucear (vi)	սուզվել	[suzvél]
caer (vi)	ընկնել	[ənknél]
cambiar (vt)	փոխել	[pʰoχél]
cantar (vi)	դայլայլել	[dajlajlél]
cavar (vt)	փորել	[pʰorél]
cazar (vi, vt)	որս անել	[vors anél]
cenar (vi)	ընթրել	[əntʰrél]
cerrar (vt)	փակել	[pʰakél]
cesar (vt)	դադարեցնել	[dadaretsʰnél]

coger (vt)	բռնել	[brnel]
comenzar (vt)	սկսել	[sksel]
comer (vi, vt)	ուտել	[utél]
comparar (vt)	համեմատել	[hamematél]

comprar (vt)	գնել	[gnel]
comprender (vt)	հասկանալ	[haskanál]
confiar (vt)	վստահել	[vstahél]
confirmar (vt)	հաստատել	[hastatél]
conocer (~ a alguien)	ճանաչել	[čanačél]

construir (vt)	կառուցել	[karutsʰél]
contar (una historia)	պատմել	[patmél]
contar (vt) (enumerar)	հաշվել	[hašvél]
contar con ...	հույս դնել ... վրա	[hujs dnel ... vra]
copiar (vt)	պատճենել	[patčenél]
correr (vi)	վազել	[vazél]

costar (vt)	արժենալ	[arʒenál]
crear (vt)	ստեղծել	[steǵtsél]
creer (en Dios)	հավատալ	[havatál]
dar (vt)	տալ	[tal]
decidir (vt)	որոշել	[vorošél]

decir (vt)	ասել	[asél]
dejar caer	վայր գցել	[vájr gtsʰel]
depender de ...	կախված լինել	[kaχváts linél]
desaparecer (vi)	անհայտանալ	[anhajtanál]
desayunar (vi)	նախաճաշել	[naχačašél]

despreciar (vt)	արհամարհել	[arhamarhél]
disculpar (vt)	ներել	[nerél]
disculparse (vr)	ներողություն խնդրել	[neroǵutʰjún χndrél]
discutir (vt)	քննարկել	[kʰnnarkél]
divorciarse (vr)	ամուսնալուծվել	[amusnalutsvél]
dudar (vt)	կասկածել	[kaskatsél]

29. Los verbos. Unidad 2

encender (vt)	միացնել	[miatsʰnél]
encontrar (hallar)	գտնել	[gtnel]
encontrarse (vr)	հանդիպել	[handipél]
engañar (vi, vt)	խաբել	[χabél]
enviar (vt)	ուղարկել	[uǵarkél]
equivocarse (vr)	սխալվել	[sχalvél]

escoger (vt)	ընտրել	[əntrél]
esconder (vt)	թաքցնել	[tʰakʰtsʰnél]
escribir (vt)	գրել	[grel]
esperar (aguardar)	սպասել	[spasél]

| esperar (tener esperanza) | հուսալ | [husál] |
| estar ausente | բացակայել | [batsʰakaél] |

estar cansado	հոգնել	[hognél]
estar de acuerdo	համաձայնվել	[hamadzajnvél]
estudiar (vt)	ուսումնասիրել	[usumnasirél]
exigir (vt)	պահանջել	[pahandʒél]
existir (vi)	գոյություն ունենալ	[gojutʰjún unenál]
explicar (vt)	բացատրել	[batsʰatrél]
faltar (a las clases)	բաց թողնել	[batsʰ tʰoģnél]
felicitar (vt)	շնորհավորել	[šnorhavorél]
firmar (~ el contrato)	ստորագրել	[storagrél]
girar (~ a la izquierda)	թեքվել	[tʰekʰvél]
gritar (vi)	բղավել	[bģavél]

guardar (conservar)	պահպանել	[pahpanél]
gustar (vi)	դուր գալ	[dur gal]
hablar (vi, vt)	խոսել	[χosél]
hablar con ...	խոսել ... հետ	[χosél ... het]
hacer (vt)	անել	[anél]
hacer la limpieza	մաքրել	[makʰrél]
insistir (vi)	պնդել	[pndel]
insultar (vt)	վիրավորել	[viravorél]
invitar (vt)	հրավիրել	[hravirél]
ir (a pie)	գնալ	[gnal]

jugar (divertirse)	խաղալ	[χaģál]
leer (vi, vt)	կարդալ	[kardál]
llegar (vi)	ժամանել	[ʒamanél]
llorar (vi)	լացել	[latsʰél]
matar (vt)	սպանել	[spanél]
mirar a ...	նայել	[naél]

molestar (vt)	անհանգստացնել	[anhangstatsʰnél]
morir (vi)	մահանալ	[mahanál]
mostrar (vt)	ցույց տալ	[tsʰújtsʰ tal]
nacer (vi)	ծնվել	[tsnvel]
nadar (vi)	լողալ	[luģál]
negar (vt)	ժխտել	[ʒχtel]

obedecer (vi, vt)	ենթարկվել	[entʰarkvél]
odiar (vt)	ատել	[atél]
oír (vt)	լսել	[lsel]
olvidar (vt)	մոռանալ	[moranál]
orar (vi)	աղոթել	[aģotʰél]

30. Los verbos. Unidad 3

| pagar (vi, vt) | վճարել | [včarél] |
| participar (vi) | մասնակցել | [masnaktsʰél] |

pegar (golpear)	հարվածել	[harvatsél]
pelear (vi)	կռվել	[krvel]
pensar (vi, vt)	մտածել	[mtatsél]
perder (paraguas, etc.)	կորցնել	[kortsʰnél]

perdonar (vt)	ներել	[nerél]
pertenecer a ...	պատկանել	[patkanél]
poder (v aux)	կարողանալ	[karoǵanál]
poder (v aux)	կարողանալ	[karoǵanál]
preguntar (vt)	հարցնել	[hartsʰnél]
preparar (la cena)	պատրաստել	[patrastél]

prever (vt)	կանխատեսել	[kanχatesél]
probar (vt)	ապացուցել	[apatsʰutsʰél]
prohibir (vt)	արգելել	[argelél]
prometer (vt)	խոստանալ	[χostanál]
proponer (vt)	առաջարկել	[aradʒarkél]
quebrar (vt)	կոտրել	[kotrél]

quejarse (vr)	գանգատվել	[gangatvél]
querer (amar)	սիրել	[sirél]
querer (desear)	ուզենալ	[uzenál]
recibir (vt)	ստանալ	[stanál]
repetir (vt)	կրկնել	[krknel]
reservar (~ una mesa)	ամրագրել	[amragrél]

responder (vi, vt)	պատասխանել	[patasχanél]
robar (vt)	գողանալ	[goǵanál]
saber (~ algo mas)	իմանալ	[imanál]
salvar (vt)	փրկել	[pʰrkel]
secar (ropa, pelo)	չորացնել	[čoratsʰnél]

sentarse (vr)	նստել	[nstel]
sonreír (vi)	ժպտալ	[ʒptal]
tener (vt)	ունենալ	[unenál]
tener miedo	վախենալ	[vaχenál]

tener prisa	շտապել	[štapél]
tener prisa	շտապել	[štapél]
terminar (vt)	դադարեցնել	[dadaretsʰnél]
tirar, disparar (vi)	կրակել	[krakél]
tomar (vt)	վերցնել	[vertsʰnél]
trabajar (vi)	աշխատել	[ašχatél]

traducir (vt)	թարգմանել	[tʰargmanél]
tratar (de hacer algo)	փորձել	[pʰordzél]
vender (vt)	վաճառել	[vačarél]
ver (vt)	տեսնել	[tesnél]
verificar (vt)	ստուգել	[stugél]
volar (pájaro, avión)	թռչել	[tʰrčel]